读·品·悟快乐阅读系列

◎丛书主编：向启新

情谊卷

那一刻，读你的清纯如水

◎本书主编：李传英

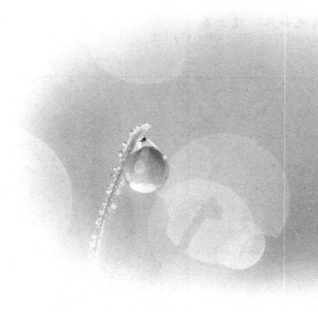

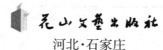

花山文艺出版社

河北·石家庄

图书在版编目（ＣＩＰ）数据

那一刻，读你的清纯如水 ：情谊卷 / 向启新主编
石家庄 ：花山文艺出版社，2004（2024.6 重印）
（"读品悟"快乐阅读系列）
ISBN 978-7-80673-553-4

Ⅰ．①那… Ⅱ．①向… Ⅲ．①散文－作品集－中国－
当代 Ⅳ．①I267

中国版本图书馆CIP数据核字(2004)第111958号

丛 书 名：　"读品悟"快乐阅读系列
丛书主编：　向启新
书　　名：　**那一刻，读你的清纯如水：情谊卷**
　　　　　　NA YIKE, DU NI DE QINGCHUN RU SHUI: QINGYI JUAN

本书主编：　李传英

策　　划：　张采鑫
责任编辑：　李倩迪
特约编辑：　李文生
装帧设计：　北京九洲鼎图书有限公司
美术编辑：　王爱芹
出版发行：　花山文艺出版社（邮政编码：050061）
　　　　　　（河北省石家庄市友谊北大街330号）
销售热线：　0311-88643299/96/17
印　　刷：　三河市中晟雅豪印务有限公司
经　　销：　新华书店
开　　本：　710mm×1000mm　1/16
印　　张：　10
字　　数：　180千字
版　　次：　2004年12月第1版
　　　　　　2024年6月第5次印刷
书　　号：　ISBN 978-7-80673-553-4
定　　价：　49.80元

情谊卷

学海点悟

　　"情谊"无价,这是对情谊最浓缩的概括。千百年来,人们都用最美的语言赞美它,因为它表现出来的是爱、是善良、是友善,它超越了任何的功利,它不希求任何的回报,它洒下的是一片温暖和光明,让人感受到的是人性美的光辉。

　　人世间的情谊,哪怕是那么不经意地洒落出来,它都可以产生巨大的力量,它不是给乞讨者的施舍,它点燃的是希望,指明的是方向。一位绝望者,他已握紧了犯罪的手枪,这时,一位小女孩来到了他的面前,向他送来了美好的祝愿,就是这一声祝愿,彻底驱散了他心灵的阴霾,让他走上了一条光明之路。一位毫无城府的老太太,她用亲人般的心对待每一位人,虽然她身处危险之中,结果却丝毫无损。

　　我们可以感动于那些英雄豪杰,他们在大是大非的面前,能将人类才具有的正气表现得淋漓尽致,被人们称颂为有情有义的人而受到敬仰,不,并不是要达到那样的高度才称之为情谊。在与人的交往中,我们会将与自己亲密的人定位在友情、朋友的格调上。当这种关系纯净到相互间无所求时,彼此就能感受到来自对方的那份情谊，它会在你的心中占据一份实实在在的幸福。有一首歌中有这样一句话："千里难寻是朋友，朋友多了路好走。"这大概是说的跑江湖式的"朋友"罢？不是有多个朋友多条路的说法吗？要不就是属于现在流行的走后门，跑关系了。他们交朋友是带着明显的功利态度的，是能给自己带来好处，他所需要的是一个利益同盟。在这样的圈子中是显露不出什么情谊来的。

　　有一位农夫，将一条冻僵的蛇放在自己的胸口上，那是一条毒蛇，它醒过来就咬了农夫一口，这位农夫就成了一位自作自受的典型；当一匹狼在走投无路的情况下，跑到了一位叫东郭先生的人的面前，这位东郭先生救下了它，可这是一匹恶狼，它反过来要吃东郭先生，这位先生就成了好坏不分的典型。有了这两个叫人警觉的典型，后来的人就引以为鉴，越来越聪明了，每天都生活在对毒蛇、恶狼的戒备中。当一个人伸手向别人求助一元钱乘坐公共汽车时，他被别人当成了乞丐，虽然他并不是乞丐；他被别人当成了骗子，虽然他并不是骗子。这也就难免仅仅是一元钱，就有那么一位老人被赶下了公共汽车。但，我们看到了另一只伸过来的手，那是一只小学生的手，手上有一元钱，我们更听到了一种声音："因为你需要啊！"就是这只手，它向别人阐释了什么是情谊，情谊的内涵就是这么简单，因为别人需要。也许我们只需单纯一些，也许我们只需善良一些，我们就能做一位有情有谊的人，就能让这个世界充满光明和爱。

目　录

一、打开记忆之门

作文链接

二、我的良师益友们

作文链接

三、包在荷叶里的月光

作文链接

四、开出良心的处方

作文链接

五、真情演绎

作文链接

打

开记忆之门

情谊卷

我刚翻到《野草》的最后一页。我抬起头，就好像看见先生站在面前。

当回忆变得遥远，就有了一种朦胧的美丽。

当回忆变得深刻，就成了一记永隽的惦念。

啊，回忆在岁月的羊肠道上渐渐蜿蜒，悠长。

悠幽的诗思，沧桑，温暖。沉淀、酝酿成一窖老酒。来一瓢瓢，甘醇，芳香。但有点儿呛辣。不要紧，不要紧，痛饮后才不再忘怀！

白驹过隙，似水流年。啊，匆匆！

太匆匆！

往事陈旧，却让我懂得珍惜，不能挽回，不要遗憾。

尘世喧嚣，留点儿心情在欢喜的幽静处，放心打开记忆的水闸！回忆！回忆！任潮水倾泻，流过心田，留下一片潮湿的忧伤！淡淡的，凉凉的。

深秋黄昏，不要再感伤，好吗？想想那些烟色的东西，回忆起来该有多美好！

记忆深处那根弦，在不经意中撩拨，留落绵长清脆的余音。就像是童趣的欢笑。看月亮吃力地爬上林梢，照着熟睡雁儿的安详！

快乐阅读
kuai le yue du

秋 夜/···巴 金

　　窗外下着雨,天空黑得像一盘墨汁。风从窗缝里吹进来,写字桌上的台灯像闪眼睛一样忽明忽暗地闪了几下。我刚翻到《野草》的最后一页。我抬起头,就好像看见先生站在面前。

　　仍旧是矮小的身材,黑色的长袍,浓浓的眉毛,厚厚的上唇须,深邃的眼光和慈祥的微笑,右手两根手指夹着一支香烟。他深深地吸了一口烟,向空中喷着烟雾。

　　他在房里踱着,在椅子上坐下来,他抽烟,他看书,他讲话,他俯在他那张简单的书桌上写字,他躺在他那把藤躺椅上休息,他突然发出爽朗的笑声……

　　这一切都是那么自然,那么平易近人。而且每一个动作里都有先生的特殊的东西。你一眼就可以认出他来。

　　不管窗外天空漆黑,只要他抬起眼睛,整个房间就马上亮起来。他的眼光仿佛会看透你的心灵,你在他面前想撒谎也不可能。不管院子里暴雨如注,只要他一开口,你就觉得他的每个字都很清楚地进到你的心底。他从不教训人,他鼓励你,安慰你,慢慢地使你的眼睛睁大,牵着你的手徐徐朝前走去,倘使有绊脚石,他会替你踢开。

　　他一点儿也没有改变。他还是那么安静,那么恳切,那么热心,那么慈祥。他坐在椅子上,好像从他身上散出来一股一股的热气。我觉得屋子里越来越温暖了。

　　风在震摇窗户,雨在狂流,屋子里灯光黯淡。可是从先生坐的地方发出来眩目的光。我不转眼地朝那里看。透过黑色长袍我看见一颗燃得通红的心。先生的心一直在燃烧，成了一颗鲜红的、透明的、光芒四射的东西。我望着这颗心。我浑身的血都烧起来，我觉得我需要把我身上的热发散出去，我感到一种献身的欲望。这不是第一回了。过去跟先生本人接近，或者翻阅先生著作的时候，我接触到这颗燃烧的心，我常常有这样一种感觉；其实不仅是我，当时许多年青人都曾从这颗心得到温暖，受到鼓舞，找到勇气，得到启发。

他站起来，走到窗前，发光的心仍然在他的胸膛里，跟着他到了窗前。我记起了，多少年来这颗心就一直在燃烧，一直在给人们指路。他走到哪里，他的心就在哪里发光，生热。我知道多少年青人带着创伤向他要求帮助，他细心地治好他们的伤，让他们恢复了精力和勇气，继续走向光明的前途。

"不要离开我们！"我又一次听见了这个要求，这是许多人的声音，尤其是许多年青人的声音。我听见一声响亮的回答："我决不离开你们！"这是多年来听惯了的声音。我看见他在窗前，向窗外挥一下手，好像他又在向谁吐出这一句说过多少次的话。

雨住了，风也消逝了。天空不知在什么时候露出一点点灰色。夜很静。连他那颗心毕毕剥剥地燃烧的声音也听得见。他拿一只手慢慢地压在胸前，我觉得他的身子似乎微微在颤动，我听见他激动地、带感情地说：

"忘记我。可是我永远忘不了你们。"

"难道为了你们，我还有什么不可以拿出来的？"

"难道为了你们，我还有过什么顾虑？"

"难道我曾经在真理面前畏怯？在暴力面前低头？"

"为了追求真理，我不是敢说，敢做，敢骂，敢恨，敢爱，敢叫？"

"我所预言的'将来的光明'不是已经出现在你们的眼前？"

"那么仍然要记住：为了真理，要敢爱，敢恨，敢叫，敢说，敢做，敢追求！"

"勇敢地向着更大的光明前进！"

静寂的夜让他的声音冲破了。仿佛整个空间都骚动起来。从四面八方送过来响应的声音。声音渐渐地凝结在一起，愈凝愈厚，好像成了一大块实在的东西。不知道哪里送来了火，它一下子燃烧起来，愈燃愈亮，于是整个房间，整个夜都亮了起来了，就像在白天一样。

那一块东西继续在燃烧，愈燃愈小，终于成了一块像人心一样的东西。它愈燃愈往上升，渐渐地升到了空中，就挂在空中，像一轮初升的红日。

我再看窗前鲁迅先生的身影，它不知道在什么时候不见了。

我连忙跑到窗前,我看出来:像初日那样挂在天空里就是先生的燃烧着的心。我第一眼就只看到一颗心。可是我仰起头来再看,先生的慈祥的脸庞不是就在那儿?他笑得多么快乐,真是我从未见过的表示衷心愉快的笑脸!

我笑了,我也衷心愉快地笑了。

我知道鲁迅先生并没有死,而且也永不会死!

我回到写字桌前,把《野草》合上,我吃惊地发现那一透明的红心也在书上燃烧。

原来我俯在摊开的先生的《野草》上做了一个秋夜的梦。

窗外还有雨声,秋夜的雨滴在芭蕉叶上的声音,滴在檐前台阶上的声音。

可是在先生的书上,我的确看到了他那颗发光的燃烧着的心。

与你共品
yu ni gong pin

　　巴金这篇诗意般的抒情散文,立意清新,构思奇特。它以梦境的形式,抒发了作者对鲁迅先生真挚而强烈的怀念之情,感人至深。散文把梦中的回忆和梦中的奇特想象糅合在一起,寓情于梦,寓实于言,给人联想,由此来赞颂鲁迅先生的精神。在众多的纪念鲁迅先生的散文中,这一篇可以说是独辟蹊径,别具异彩,令人耳目一新。

个性独悟
ge xing du wu

　　★作者是怎样表达自己对鲁迅先生的怀念之情的?
　　★本文在写作上有什么特色?

快乐阅读
kuai le yue du

永远的感激/···周仕兴

12岁那年,带着母亲的嘱咐和对未来的憧憬,我只身从一个落后的山村来到繁华的都市求学。由于年少轻狂,寄居他乡,自己那娇生惯养的犟脾气还没来得及收敛,我就被学校开了"刀"——给予记过处分,并全校点名批评。

那是在一次课间活动中,邻桌的一女生笑我的"东洋头"土里土气,就像她家的锅盖,我顿觉自己的尊严受到了莫大的侮辱,盛怒之下,一巴掌重重地打在了她的脸上。

从此以后,同学们都讥讽我是个心理不正常的人。女同学鄙夷我唾弃我,男同学厌恶我逃避我。被人隔离的苦痛和心酸犹如一块烧红的铁块深深地烙在我幼稚而敏感的心上,使我感到了从未有过的委屈和耻辱。我渐渐丧失了求学的信心和勇气,甚至想到了辍学。

这时,班主任耐心地安慰我说:"努力学习吧,争取用优异的成绩来证明你自己!"证明自己?好面子的我犹如一只在茫茫海洋中挣扎的旱鸭子抓到了一束水草——我暗下决心要一鸣惊人,绝不让人瞧不起!可是,就凭我那在及格边缘徘徊不定的成绩,甭说"一鸣",就算是"三鸣""四鸣",恐怕也难以"惊人"呀!绞尽脑汁苦思冥想后,我想到投机取巧:偷改试卷!

按照周密计划,我顺利地偷改了第一科考试卷。当第二科考试结束后,我又跟踪监考老师来到了试卷存放处。并于当天傍晚,趁老师们吃饭时,偷偷地从窗口爬了进去。可是,这次并不那么顺利了。我在屋里翻箱倒柜都找不到试卷,加上做贼心虚,我一时乱了手脚,不小心碰倒了桌上的暖水瓶,"砰"的一声爆炸把我吓得浑身发抖。当我正准备逃离现场时,屋外传来了急促的脚步声。这脚步声无异于平地响起了一阵惊雷,我分明感到整个世界都在开始坍塌。我无处逃遁又无法面对即将发生的一切,惊慌失措的我只好急忙钻到桌子底下一个黑暗的角落缩成一只"刺猬"。

紧接着是扭动钥匙开门的声音。这声音像一把刺向我的钢刀,肆无忌惮地剜割着我的神经,我简直快被这突如其来的恐惧给吞噬了。

那个人走了进来,随手拉亮了灯。在这间设备简陋的办公室里,"躲"在桌子底下的我犹如脱光了衣服赤裸裸地站在光天化日之下。我彻底失望了,哆哆嗦嗦地钻了出来,但仍旧用双手紧紧抱住脑袋,背向着他顽强地固守着自己最后一点可怜的"自尊"。那人愣了愣,沉默不言。他似乎早有预料似的,丝毫没有惊奇的举动,也没有像我预想的那样,首先严厉地质问我几句,然后看清我的真实面目,再然后就是"擒贼"。

不知道僵持了多久,这异常的氛围在死一般的沉寂中逐渐平静了下来。他终于开口了:"我已经知道你来这里的目的了。你只需静静地沉思三分钟,自我检查一下你的行为。"约摸两分钟过后,他继续缓和地说:"我不知道你是谁,也不想知道你是谁。现在我面向墙壁,你出去吧!记住,今晚的事只有你我知道,今后你还是个好学生!"

转身出门的一刹那,我发现他就是我的班主任!

虽然,那次考试我终于没有"一鸣惊人",但在三年之后的中考中,我以全县第一名的成绩考上了区里的一所重点高中。事过境迁,星转斗移,多年前那个曾企图通过偷改试卷来挽回自尊的小男生,现在已经名正言顺地跨进了大学的校门。而今,回过头来看自己走过的路,我可以问心无愧地告慰我敬爱的班主任:"我还是一个好学生,真的!"

 与你共品
yu ni gong pin

本文抒写对老师的感激之情,可是并没有大篇幅地描写老师,而是先交代"我"的特殊经历,以及由此形成的特别的心理。是老师的鼓励、理解、宽容使"我"终于成功。

那一刻，读你的清纯如水

个性独悟
ge xing du wu

★概括全文的主要内容。

★说说文中"老师"是怎样的一种人。

★自选角度，说说你认为本文的精美之处。

快乐阅读
kuai le yue du

哭佩弦 / · · · 郑振铎

从抗战以来，接连的有好几位少年时候的朋友去世了。哭地山、哭六逸、哭济之，想不到如今又哭佩弦(朱自清，字佩弦)了。在朋友们中，佩弦的身体算是很结实的。矮矮的个子，方而微圆的脸，不怎么肥胖，但也绝不瘦。一眼望过去，便是结结实实的一位学者。说话的声音，徐缓而有力。不多说废话，从不开玩笑；纯然是忠厚而笃实的君子。写信也往往是寥寥的几句，意尽而止。但遇到讨论什么问题的时候，却滔滔不绝。他的文章，也是那么的不蔓不枝，恰到好处，增加不了一句，也删节不掉一句。

他做什么事都负责到底。他的《背影》，就可作为他自己的一个描写。他的家庭负担不轻，但他全力的负担着，不叹一句苦。他教了三十多年的书，在南方各地教，在北平教；在中学里教，在大学里教。他从来不肯马马虎虎地教过去。每上一堂课，在他是一件大事。尽管教得很熟的教材，但他在上课之前，还须仔细地预备着。一边走上课堂，一边还是十分的紧张。记得在清华大学的时候，有一次我在他办公室里坐着，见他紧张地在翻书。我问道：

"下一点钟有课吗？"

"有的，"他说道，"总得要看看。"

像这样负责的教员，恐怕是不多见的。他写文章时，也是以这样的态度来写。写得很慢，改了又改，决不肯草率地拿出去发表。我上半年为《文艺复兴》的

"中国文学研究"号向他要稿子,他寄了一篇《好与巧》来;这是一篇结实而用力之作。但过了几天,他又来了一封快信,说,还要修改一下,要我把原稿寄回给他。我寄了回去。不久,修改的稿子来了,增加了不少有力的例证。他就是那么不肯马马虎虎地过下去的!

他的主张,向来是老成持重的。

将近二十年了,我们同在北平。有一天,在燕京大学南大的一位友人处晚餐。我们热烈辩论着"中国字"是不是艺术的问题。向来总是"书画"同称。我却反对这个传统的观念。大家提出了许多意见。有的说,艺术是有个性的;中国字有个性,所以是艺术。又有的说,中国字有组织,有变化,极富于美术的标准。我却极力地反对着他们的主张。我说,中国字有个性,难道别国的字就表现不出个性了吗?要说写得美,那么,梵文和蒙古文写得也是十分匀美的。这样的辩论,当然是不会有结果的。

临走的时候,有一位朋友还说,他要编一部《中国艺术史》,一定要把中国书法的一部分放进去。我说,如果把"书"也和"画"同样的并列在艺术史里,那么,这部艺术史一定不成其为艺术史的。

当时,有十二个人在座。九个人都反对我的意见,只有冯芝生和我意见全同。佩弦一声也不言语。我问道:"佩弦,你的主张怎样呢?"

他郑重地说道:"我算是半个赞成的吧。说起来,字的确是不应该成为美术。不过,中国的书法,也有它长久的传统的历史。所以,我只赞成一半。"

这场辩论,我至今还鲜明在眼前。但老成持重,一半和我同调的佩弦却已不在人间,不能再参加那么热烈的争论了。

这样的一位结结实实的人,怎么会刚过五十便去世了呢?—— 我说"结结实实",这是我十多年前的印象。在抗战中,我们便没有见过。在抗战中,他从北平随了学校撤退到后方。他跟着学生徒步跑,跑到长沙,又跑到昆明。还照料着学校图书馆里搬出来的几千箱的书籍。这一次的长征,也许使他结结实实的身体开始受了伤。

在昆明联大的时候,他的生活很苦。他的夫人和孩子们都不能在身边,为了经济的拮据,只能让他们住在成都。听说,食米的恶劣,使他开始有了胃病。他是一位有名的衣履不周的教授之一。冬天,没有大衣,把马夫用的毡子裹在身上,就作为大衣;而在夜里,这一条毡子便又作为棉被用。

有人来说,佩弦瘦了,头上也有了白发。我没有想象到佩弦瘦到什么样子;我的印象中,他始终是一位结结实实的矮个子。

胜利以后，大家都复员了，应该可以见到。但他为了经济的关系，径从内地到北平去，并没有经过南方。我始终没有见到瘦了后的佩弦。

在北平，他还是过得很苦，他并没有松下一口气来。

暑假后，是他应该休假的一年。我们都盼望他能够到南边来游一趟。谁知道在假期里他便一瞑不视了呢？我永远不会再有机会见到瘦了后的佩弦了！

佩弦虽然在胜利三年后去世，其实他是为抗战而牺牲者之一。那么结结实实的身体，如果不经过抗战的这一个阶段的至窘极苦的生活，他怎么会瘦弱了下去而死了呢？他致死的病是胃溃疡，与肾脏炎。积年吃了多沙粒和稗子的配给米，是主要的原因。积年缺乏营养与过度的工作，使他一病便不起。尽管有许多人发了国难财、胜利财，乃至汉奸们也发了财而逍遥法外，许多瘦子都变成了肥头大脸的胖子，但像佩弦那样的文人、学者与教授，却只是天天地瘦下去，以至于病倒而死。就在胜利后，他们过的还是那么苦难的日子，与可悲愤的生活。在这个悲愤苦难的时代，连老成持重的佩弦，也会是充满了悲愤的。在报纸上，见到有佩弦签名的有意义的宣言不少。他曾经对他的学生们说："给我以时间，我要慢慢地学"。他在走上一条新的路上来了。可惜的是，他正在走着，他的旧伤痕却使他倒了下去。

他花了整整的一年工夫，编成《闻一多全集》。他既担任着这一个工作，他便勤勤恳恳的专心一志的负责到底地做着。《闻一多全集》的能够出版，他的力量是最大的；他所费的时间也最多。我们读到他的《闻一多全集》的序，对于他的"不负死友"的精神，该怎样的感动。

地山刚刚走上一条新的路，便死了；如今佩弦又是这样。过了中年的人要蜕变是不容易的。而过了中年的人经过了这十多年的折磨之后，又是多么脆弱啊！佩弦的死，不仅是朋友们该失声痛哭，哭这位忠厚笃实的好友的损失，而且也是中国的一个重大的损失，损失了那么一位认真而诚恳的教师、学者与文人！

 与你共品
yu ni gong pin

郑振铎(1898年—1958年)，中国现代杰出的爱国主义者和社会活动家、作家、诗人、学者、文学评论家、文学史家、翻译家、艺术史家。

他一生坚持革命的现实主义文学理论，强调文学在社会改革中的功能，提倡文学为人民服务。在文学研究方面，提倡和从事中外古今文学综合的比较研究，特别重视民间文学和小说、戏剧的资料收集和研究，他的很多研究都属于文学领域里开拓性的工作。

个性独悟
ge xing du wu

★作者为什么要在文章开头描写朱自清先生的样貌和体形？

★文中是如何描写朱自清先生的严谨的？

★为什么说"佩弦虽然在胜利三年后去世，其实他是为抗战而牺牲者之一"？

★文中"他走上一条新的路上来了。可惜的是，他正在走着，他的旧伤痕都使他倒了下去。"用的是什么写作手法？表达了作者怎样的情感？

快乐阅读
kuai le yue du

那年，我们共同走过一座桥／···小 桥

晚上 11 点的乌鲁木齐街头依然热闹喧哗，在这个边疆城市，深夜的概念要往后延几个小时。我、洛小非、左虹三个人从严老师家走出来时，就像约好了似的，她们走在前面，我在后面的不远处跟着，若即若离地走上了那条繁华的中山路。

灯火辉煌中，夜市的摊子摆得热火朝天，行人拥挤，洛小非下意识地拉住了左虹的手。怕失散？我轻蔑地哼一声，继续独自走路。走了一段时间却发现，她们在人群之中消失了！我踮起脚尖四下寻找，却只看见远远近近、密密麻麻的陌生人，不断有人从我身边穿过，就是不见她们俩的影子。我只好接着向前走，想到要在这样的时间独自穿过南门那条小巷子时,我有些慌乱了。上了过街天桥,我倚着栏杆往下看,很想在人群中发现小非和左虹的身影。时间一点点地过去了,我开始不抱希望了,就那样呆立在桥上,好像是突然地想起来:就在今晚以前,我曾是那么厌恶见到她们的啊!

我们六个人同住一个宿舍,六个人全部要考研,小非、左虹和我还是考同一个专业。因为地处边疆,我们的考研信息极为闭塞,考研书的种类也少而单调,大家对这类考研资源的渴望就可想而知了。

大三的暑假,我去了一趟南京。这是我要报考的大学所在的城市,不管怎样,我想先见识一下她的风采,以加强我考研的决心。从南京回来后,小非和左虹都热切地向我打听来自学校的消息和买了什么书。当我告诉他们:我在南京的一周时间里,除了看了看学校的概貌,游遍中山陵、夫子庙、玄武湖外,根本没想到去拜见任何一位老师,顶多就是去找了一些师兄师姐聊聊天……小非她们很吃惊。我知道,绝对务实的小非和左虹不会理解有人会肯为了了解一个城市而千里迢迢地跑一趟,这就是我们之间的不同,我无论如何也不能让她们相信。这以后我们之间的关系就有了微妙的变化:她们俩再不会跟我交流学习心得了,小非晚上常常会爬到左虹的床上,两人窃窃私语。而我却越来越觉得左虹的床那么高,而小非的床离我那么远……

考研书动辄三四十元,这让我们这些穷学生不得不采取群起攻之的战略:大家各买一种英语或政治书,然后轮流看,轮流做题,约好不在书上乱划。我像往常一样走到小非桌前,“'朱泰祺'看完了吗?”“看完了,我给左虹了。”小非头也不抬地回答。左虹的回答是:给沈月了。一个圈子转回来,原来书就在小非手里。我冷冷地盯着她看了一会儿。

“你不要这么大义凛然好不好?我还没看完所以没给你。再说了,我也怕你还不够时间去消化从南京带回来的东西。”小非眼睛盯着书,一个字一个字地说。我听着她说完,也一个字一个字地在心里说:我们完了。

之后是无穷尽的冷战:我习惯晚睡晚起,她们早起时会把刷牙、洗脸、拿饭盒的声音搞得像拉了警报,我则在深夜把书翻得歇斯底里,拖鞋踩在地上时像要地震……几个月的时间里,我们都成了大黑眼眶,疲惫得随时想倒在床上呼呼大睡。如果不是我们的严教授病危,他的家又离学校非常远,我们怎么也不会同路而行……

在远远的人群中,我终于发现了她们!因为天桥的特殊高度,我看见了小非和左虹踮着脚尖四下张望,一脸的焦急,俨然我刚才寻找她们的样子。我站在天桥上,望着她们一直那么不死心地向前向后向左向右地找,心里没来由地一酸:她们两个人并不是怕穿过那条幽深的黑巷子,她们是担心我,我一个人!就像她们在我生病时会担心我而在课间要气喘吁吁地跑回宿舍看我一样。在这个喧哗而冷漠的都市中,在陌生人的茫茫人海中,我们相互寻找,曾是那么相亲相爱的同室姐妹,曾经一起相伴走过四个春夏秋冬,有那么多共同的眼泪、欢笑和哀愁,在共同走过这座桥时,却失散了!

"我在这里!"我向她们挥手大喊,她们也终于看见了我,又笑又叫地狂奔而来。在桥上相见时,她们紧紧地抓住了我要抓住她们的手。那一晚,我们三个人一直紧紧地手挽手,穿过了那条荒僻、狭窄的小巷。临上床互道晚安时,眼底,是一片亮亮的柔情。

那一年9月,我们三个走入了不同的城市,成为硕士研究生。

在时间的狂流中,我从来也没有忘记在深夜的天桥上交握的三双手,也不会忘记那座我们共同走过的天桥。因为迷失过,因为寻找过,所以那段经历会成为一个温馨的故事,常常入我梦帘。

与你共品
yu ni gong pin

大学三年的同室情谊,由于相互之间的猜测,似乎已走到了尽头。但,庆幸的是有了那个夜晚,在那条幽深的黑巷子前,三双手又紧紧地握到了一起。生活是要靠自己来选择的,我们是相互体谅宽容地开心生活呢?还是小肚鸡肠、钩心斗角劳累地生活呢?答案自然在不言之中。

那一刻，读你的清纯如水

个性独悟
ge xing du wu

　　★ 在文中找出描写"街头之景"的句子，再写一段"冷落街头"的描写语句。

　　★ 作者说曾经荣辱与共的姐妹"在共同走过这座桥时，却失散了"，这里蕴含怎样的深意？

　　★ 作者的南京之行给自己带来一身麻烦，你能为作者想到消除误解的方法吗？

快乐阅读
kuai le yue du

你留下一抹微笑 / ··· 赵 平

　　那是一个平平常常的下午。

　　美国加利福尼亚州的圣选戈市，深秋的阳光依然骄艳。只是接近黄昏了，锋芒毕露了一天后太阳才显得有些慵散迷蒙起来。

　　在美国的访问已近尾声，归心已如箭在弦上。朋友带我去一个超级市场采购，说是应该带些美国特产回去。等我们把大包小包扔进汽车，他突然又忆起要买一样什么小零碎，于是留下我一人面对着一个空空荡荡的停车场。

　　那天下午，夕阳红得十分怪异，似乎要滴出血来，周围的静谧也搅得我心神不安。

不住地张望朋友离去的方向，我的耳朵还是捕捉到了背后突然响起的脚步声。

我迅速地转过身，一个人正朝我走来。

一个黑人。

在美国，我听到了太多太多关于黑人的故事。吸毒、抢劫、枪杀、卖淫，黑人的犯罪问题似乎格外严重，已成为美国社会无法回避却也无法正视的创口。

现在，一个黑人正向我走来。

他很高，似乎比一般美国人还要高一些。那条牛仔裤又脏又破，T恤已经分不出是什么颜色，头上还戴着一顶皱皱巴巴的帽子。尽管听说美国有些富人故作寒酸，可我还是凭直觉感到，这个正在向我走来的黑人已经十分贫困潦倒。

他为什么朝我走来？他要干什么？

全身的神经都在看到他的那一瞬间绷紧了。

一个记忆闪过。那是在曼哈顿的地铁里。天很晚了，车上几乎没人，我找了一个靠门的位置坐下。一群年轻黑人中途拥上来站在我旁边。他们的头发不知用什么东西抹成了五颜六色，而且一缕一缕直挺挺地立在脑袋上，看上去鬼怪得要命。他们旁若无人地吼叫，你推我搡，一双双被酒精烧得通红的眼睛肆无忌惮地盯着人看。在我毫无防备的时候，一个人突然趔趄着重重地撞在我身上，刺耳的口哨声顿时响成一片。我的勇敢一下子荡然无存，于是不得不在车门刚一打开时便落荒而逃了。

回忆渲染了紧张。再一次回头望望朋友离去的方向，我知道我必须独自面对眼前将要发生的一切。

他已站在我面前，眼白很大，在那张黝黑的面孔上显得十分奇特。他开口说话了，声音轻轻柔柔的，像是怕吓了我。可是，他的声音和他说的那句话却还是让我大吃一惊。

他说："小姐，你能给我一些零钱吗？"

一个乞丐？一个如此高大健壮的乞丐？

我抓紧了自己的手袋，心里的戒备那一刻不知怎么竟堆积得那么深。除了戒备还有恐惧，莫名其妙的恐惧。

我说："我没有零钱。"声音生硬得连自己都陌生。

我已经准备好了再一次落荒而逃。当然，一定要跑得快一些以免被他抓住。

可是，他却又让我大吃一惊。

他举起手来，将那顶皱皱巴巴的帽子抬了抬，静静地、轻轻柔柔地对我说："对不起，小姐，谢谢你。"他的眼睛里有一种什么东西闪过，是失望？是难过？我说不清楚。

他在我的惊愕与瞠目中离去。

几步之外，他又回过头来，依然是那张黝黑的略带忧郁的脸，依然是那个白得奇特的眼白。突然，他笑了。他给了我一个笑容，那笑容近乎纯真近乎无瑕，那笑容就像是在他的脸上燃烧。

心里的壁垒轰然倒塌。在这个异国的傍晚，在这个陌生人的笑容里，我骤然领会到一种深邃悠远的大彻大悟。

记得一本什么书里说过，与天空和大地的距离相比，人与人之间的距离更远。人们早已习惯了用猜疑和戒备把自己的心包裹起来，只为怕被轻视怕被伤害。

你躲在自己的一隅，流自己的泪，舔自己的伤，咀嚼自己的痛苦，却忘了这世上还有一种东西而且只有一种东西能够抚慰你，这种东西叫做"爱"，这是一种独属于人类的财富。

爱使你依恋人生。你付出爱就一定会收获爱。没有爱这个世界将一片萧条。

那个黑人向我求助。也许他需要一顿晚餐，也许他需要一个住处，也许，他仅仅需要有人向他证明他并没有被这个社会所抛弃。

我拒绝了他的求助。

他却给了我一个微笑。真诚、无怨、感人。那笑容触摸着我的心，于是，一种尘封已久的感觉惊醒了，心变得旷达辽阔起来，辽阔得能装下整个世界。

夕阳渐渐沉下去，霭霭暮色模糊了人和自然的所有轮廓，一切都变得影影憧憧。

在这苍茫天幕上，唯独他的微笑异常清晰。

我知道，这微笑今生今世都将清晰如斯。

与你共品
yu ni gong pin

这是一篇从一个极特殊的视角来表现、呼唤人们久违的爱的回归的文章。文中记叙了一个高大黑人向"我"要零钱被"我"生硬地拒绝了,黑人竟回之以谢谢、报之以微笑的故事。文中两次写使"我"大吃一惊的"轻轻柔柔",特别带有抒情色彩、带有不安之心写黑人的回头微笑,这微笑将抹去人们心中的阴霾,推倒人们心中的壁垒。让我们用爱去对应"真诚、无怨、感人"的微笑,让我们释放尘封已久的爱心,这就是作品要告诉我们的。

个性独悟
ge xing du wu

★归心似箭与文中的"归心已如箭在弦上"有什么细微的不同?

★这段"记忆闪过"说明了美国存在着怎样的社会问题?"我"此时为什么会"闪过"这样的"记忆"?

★"心里的壁垒"指的是什么?怎样理解"我骤然领会到一种深邃悠远的大彻大悟"?

★文中数次提到高大黑人的微笑,这是一种怎样的微笑?(用文中的原话回答)这微笑的内涵是什么?

那一刻，读你的清纯如水

似水年华 / ··· 俞冬磊

我们知道，我们一直在反复吟唱而挥之不去的便是青春的一种基本的冲动——迷惘。

当我撕下贴在杯子上的座右铭"不要让自己有遗憾"时，阿延站在我身后。"我们可以一起去泰山了，只是生姜不能一起去了。"我回头看他，他笑了，眼前却落下了一滴泪。

"哭什么？"

"不知道……"

我、阿延和生姜从穿开裆裤时就是好友，一起上幼儿园、小学、初中。我们仨都爱唱歌，并把我们的组合称为"ZUI"。我们常在回家的路上大声唱歌，吟唱着各自心中的梦想与忧伤。中考前几个月，我们约好了考上好学校后去泰山，在山顶上唱歌。我不知多少次眼前浮现出这样的镜头：泰山山顶上，我们三个人围坐在火堆旁一边唱歌，一边等着日出。

"生姜去美国了。"当阿延告诉我生姜不能来的原因时，正是在日照峰上。"她让我们在山顶唱歌时放开嗓子唱，把她那份补上。她说，人生很多事自己无法左右，歌中唱的和生活不是一码子事。就像我们的'ZUI'一样，年轻的心愿和憧憬仿佛只是说说罢了。事实不能因自己的意愿而改变。"我心中涌起了一份感动和失落，陷入了一种奇怪的情感。

"从我们相识到现在，已经……已经整整几个年头了。"我只是很平静地说，"没了？生姜走时只有这些话？"

"嗯……"

"唱吧！"

"唱什么？"

"'ZUI'的保留曲目《我是一只小小鸟》。"

于是，我俩站在悬崖边上，面对着苍茫的云海，面对着巍峨的群山唱了起来。"世界是如此的小，我们注定无处可逃……当我飞上了青天却发现自己从此无依无靠……"

唱完了，我看了看阿延。"完了？就这样？"他没有回答，坐下拿出一张照片给我，那是在校最后一个晚自习下课照的。我、阿延和生姜紧紧地拥在一起，笑得很开心、很甜。我凝视了许久，觉得似乎这便是我们三个所有的回忆。慢慢地把它夹入同学录中生姜的那一页。她给我的留言很别致：一座山，山顶上画了三个手拉手的小人儿，旁边写着"ZUI"。

"你真的喜欢她吗？"阿延突然问我。"你是指生姜吗？我……不会。其实，我们都知道自己承担不了爱，但我们却又去爱，我们自认为很了解爱，但实际上，我们又了解什么呢？只是因为，似水年华吧……"

"人道'少年不识愁滋味'，但少年的情怀，也只有少年能明白。"阿延看着云海，似乎在回答我，又似乎不是。前两天，我收到了阿延从城市那头寄来的信时，正在看同学录。信中夹了一张卡片，上面写着：不要忘记，我们永远的ZUI；不要忘记，似水年华。不知怎样形容那时的心情，只觉得平静与惆怅。

现在当我翻开同学录时，便不觉中沉浸在过去的记忆里。也会很自然地抬头看看窗外的天空。我总觉得，在地球的那一边，有人也总是常常这样看着天空。

朋友，最近过得好吗？

珍重……

【简 评】

记忆的花瓣落在心湖里，不住打着圈儿，层层涟漪荡出青春的追忆。只有热爱生活、充满积极向上的人生追求，才能敏锐发现并充分展示出平凡生活中的亮点，文章才能奔涌出滚烫灼人的情感力量。本文作者抒写了初中生活中有点儿曲折的故事，这类故事每天都在我们身边上演，作者的语言细腻老到，看得出是有比较厚实的阅读积累的。愿拥有青春年华的学生抚平伤痛，滋润欢乐。

重话母校 / ···佚 名

就要离开母校了。

清晨，我怀着满腔的依恋，漫步在静谧的校园，就像一个怀着重任，即将出征的战士。我仔细打量着"母亲"的面容：鲜花朵朵，杨柳婆娑，仿佛在低语："再见吧，好孩子！"高大的教学楼临风静默，像是在祝福："高飞吧，远去的鹰！"而我，这个一向口吐狂言，立志闯荡四方的野小子，此刻虽然也有振奋、有激情、有快慰、有憧憬，但更多的却是依恋、是浓情……

是的，三年了。多少个清晨，在宽阔的操场上，我们亲手升起了国旗，同时也升起了理想；多少个夜晚，在明亮的教室里，我们依然苦读，同时也送走了愚妄；多少个白天，我们学海采珠，当"拼命三郎"，战胜了"凄风苦雨"，也获得了快慰和激动。所以，母校——这片深情的土地，她深深地系住了我的心。

由一砖一瓦、一花一木组合起来的母校形象，已铸进了我斑斓的记忆，而由关心、爱护、理解、帮助所蓄积的浓浓的师生情、同学谊，更在我生命的脉搏里化作了永恒！

记得我刚上初三时，学习比较放松。那是一个星期三的午后，细雨蒙蒙，我拿着一张打满"×"号的数学试卷在校园漫步。唉！令人失望的70分。就在我满心不快、一脸颓唐时，意外地碰到了教我数学的赵老师。我一时不知所措，不知往哪里躲藏。也许赵老师看出了我的心思，微笑着对我说："到我办公室来一趟，好吗？"哦！我愕然了！接着便是一阵紧张与害怕。"也许我又要挨剋了！"我心里扑腾着，嘀咕着，极不情愿地走进了赵老师的办公室。"快坐下！"赵老师仍是微笑着，"成绩不理想，是吗？但我知道你已经尽力了，还是让我再给你讲一遍吧……"一阵夹着细雨芳香的空气飘进窗口，吹上了我的脸，浸透了我的心。赵老师和颜悦色地讲着，我认真仔细地听着……窗外，天空中的阴云逐渐散去，露出了亮色。我突然变得聪明起来，眼前的题竟那么容易，没用多久，我就全明白了。那天晚上，我做了一个最最甜美的梦！

第二次数学考试，我得了93分，但同我合称"种子选手"的孙强却得了100分。放学后，他叫我等他。我心里嘀咕起来："找我有什么事？莫非想嘲笑我？"窗外，灰色的阴云吞没了最后一丝蔚蓝，天地间死一般寂静，雨就要来了，同学们很快散去，教室里只剩下我们两人。我带着满心的不解和不快先开了腔："你找我有什么事？"孙强和缓地说："你别误会，我只是想给你一样东西。"他掏出一本书，"这本《同步数学复习指南》我看完了，你很聪明，看看它，它会给你带来帮助的。"他微笑着把书递过来。我接过那本沉甸甸的书，心中立刻产生一种异样的感觉：是感激？是愧疚？还是……我说不清楚。总之，我说不出话……这件事使我明白这样一个道理：人间虽有丑恶，但更多的还是美好。在这如同战场般的学习生活中，更多的不是"硝烟"，而是友情。

现在，我就要离开我的母校了。重话母校，感受母校，我的确有一种浓浓的依恋。我想，在今后的学习生活中，这种浓情一定会化作一种动力，激励我向更高的山峰攀登。

【简评】

本文从一个就要离开母校的学生的角度，选取几个校园生活中难忘的片段来"重话母校，感受母校"，记叙中饱含深情，使本文显得情真意切、优美动人。作者概括描写校园之美，然后详写师生之情，同学之谊。有详有略，重点突出。其间夹杂的景物（雨景）描写，别有深意，点染巧妙。少量的议论和抒情对主题起了较好的点化和提升作用。文章语言准确、生动、顺畅。

曾经的友谊/ ···阙冰雪

我的心里有一份曾经的友谊，虽然已经不能再延续，但它依然是我心中最珍贵的一笔财富。

记得那是在小学一年级，我和一个梳着羊角辫的女孩同桌，她叫阳。那时的生活总是无忧无虑，调皮的阳总能将枯燥的校园生活轻易变成游戏的天堂，什么捉迷藏、跳皮筋、打弹球，她样样在行，就连一块小小的橡皮，都能玩出十几种花样。

对我来讲，那时的功课简单得不值一提，每次考试我总能轻轻松松地拿它几门满分。但阳似乎有点儿力不从心,每次的分数还不及我的一半。于是,每次我俩上课私下说话被数落的是阳,下课游戏时玩出了格被罚站的也是她,我却可以经常被"赦免"。

渐渐地,我发现阳身上竟有许多小毛病:经常是脸都没洗就来上学,辫子歪歪扭扭的不说,衣服也脏乎乎的一身褶儿,怎么看都不像一个好学生。于是,我开始对她下意识地疏远,而她却浑然不知,依旧嘻嘻哈哈地凑过来,在得到我冰冷的近乎无情的拒绝后,只好怏怏地默默走开。

转眼到了六年级,我和阳俨然已经成了陌生人。我是老师眼中的宠儿,同学的榜样。而阳不仅成绩越来越差,似乎品行也受到了大家的质疑。毕业前的一天,我从传达室意外地收到了一封信,竟然是阳。"从认识你的那一天起,我就把你当成我最好的朋友。你不像其他人那样讨厌我,嫌我成绩不好。和你做朋友的日子是我一生中最快乐的时光。但是,一条无形的分数线却活生生地挡在了两个好朋友的中间,我真的很失望。我就要去美国了,虽然没有机会和你说再见,但是我还要告诉你:谢谢你,我会永远记住那段美好的日子。"

信纸上早已一片湿润,不管我有多后悔,阳已经带着那份永远都无法弥补的遗憾离开了我。是那所谓的好学生的头衔,是那一条无形的分数线让我丢掉了那份珍贵的友情。现在我只能在心底默默地祝福那大洋彼岸的朋友。

【简 评】

本文以追忆的口吻、懊悔的笔触为读者讲述了一段真实的故事。原本两小无猜的伙伴竟因冰冷的分数变成了陌生人,但阳仍然感恩曾经的友情。本文语言质朴、流畅,感情真挚、充沛,发人深省。

最后一天的回忆

——献给雪雪儿 / ··· 淘孩儿

太短了！

实在太短了，才一个多月……

那时，我上网大概还不到十天。在联想电脑配套的《网上冲浪》中，我留到了许多网校的地址。在访问了一些名字比较奇特的网校后，我实在没有信念再找下去，就剩下科利华和一些名字凡俗的网校了。这也许是因为初中时我就有科利华软件，没什么新鲜感了，另外一些也许是我太以"貌"取"人"了。不过我还是在地址一栏中，打入了 www.clever-school.com，那时，我还分不清哪个键是哪个字母，得打一个字看一下键盘，慢得很。

"啪！"一按回车，屏幕先是一片湛蓝色，而转眼间就亮了。第一眼印象——朴实。网校的首页没有花花绿绿的图案，只是洁白的底子上嵌着蓝色的字。猛然，我看到了哈尔滨师大附中网（黑龙江省重点），便在里面注了册，成为一个极普通的普通用户——淘孩儿。

由于我刚上网嘛，对每一个地方的聊天室都很感兴趣，所以第一个就进到那里。以前我也曾到过其他网站的聊天室，但总是"说"得太慢，问得太没意思，人家后来都不理我，我只好退出。于是在这里，我也没抱多大希望。

刚进去，我打了声招呼（这是我看别人开始聊天时常用的一招，不免试试）。等了好长时间，没人理我，也许我是新来的，他们不认识我吧，我两眼紧盯着屏幕，就这样等着……忽然，我眼前一亮，清屏后的对话栏轻快地蹦出一段话——"雪雪儿小姐"微微笑对淘孩儿说："你好！"我当时既惊喜又担忧，"雪雪儿"—— 一看名字就知是个淑女，能和我这个假小子聊到一块儿去吗？不过，她肯跟你这个天不知地不知的淘孩儿说话，你就知足吧。

我按老样子回了句"你好"，又极其常规地询问了她的年龄、所在城市，还好，她都爽快地告诉了我，我也索性一一地告诉了她。原来她是一位姐姐，在北京……

接下来，我又问申奥那天晚上她在干什么，她说在宿舍闹了一宿；我又问2008年一起去当志愿者怎么样，她说"好啊"；她问我 QQ 号，无知的我却当成"眼镜"，还爽快地说已经 325 度了；我告诉她我在别的网校写了作文，她说欢迎我去写作实验室，还不嫌麻烦地打出了地址……我打字很慢，可她回复得很快,我逐渐感觉到我要找的正是她。

由于家长制约,我只能周六、周日去聊天室,而我去那儿就是为了找雪雪儿姐姐,一看到她的名字便立刻点击,与她打招呼,她都会爽快地与我交谈。而没有她的时候,我心里总会很失望,生怕她也会不理我。虽然我这种想法是没有理由的,但也许是内心的失落造成的吧。

爸妈警告我说:"网上没几个人说实话,别太信任网上的人,包括雪雪儿。"我也想到了这一点,因为以前在某个聊天室曾被人无缘无故地骂了几句,所以开始我所抱有的信任的态度渐渐转变为不相信或不太相信。正因如此,我的要求也降低了:只要你不说让人不理解的话,不管你说的是真还是假。即便是这样,我的直觉也告诉我雪雪儿并不是那样的人,于是我问:"我爸说网上的人没有几个说真话,你觉得对吗?"其实相对而言,我是信任她才问她这个问题的。她回答说:"不完全对,不过我说的可句句是实话啊。"我不知不觉地放下了心。

以后,我可耐不了5天的等待,逐渐逐渐地,每天下午我一赶回家,就打开电脑找她……

虽然天天去聊天室,我还是没忘QQ的事,在联想《网上冲浪》上,查到了下载QQ软件的地址,软件是下载到了桌面上,可号总是申请失败。我的一个同学(也是铁姐妹儿)看我一次又一次失败着急的样子,就说她把她的号给我一个,还剩一个。我特别感谢她。隔天下午,便马上把我的QQ号码告诉了雪雪儿姐,建立了QQ联系。自从有了QQ后,我随时上网都能与她联系,随时可以知道姐姐在不在,心里也就有了底。也正是此时,她成了我唯一的知心姐姐。因为现实中的我有些不合群,常在身边的都是很铁的朋友,不过很少。只有在网上才敢放飞心灵。

可是,有一段时间(其实也就两三天)我传QQ,去聊天室,总是找不到她,那时真感觉雪雪儿消失了,唉——虚拟的世界。不过,我知道她一定在北京的某一个角落,可能很忙吧。这虚拟的网络就像电话一样,她给我传消息,一定坐在电脑旁;没传一定是没在电脑前,去忙别的事,我一直这样想,等着……

我还是等不到姐姐的消息,是她嫌我烦了吗?我的确这样想过,想一次,心冷一点,我不敢想,因为我害怕,我不信。她也不能时时刻刻都在上网啊,我总是这样安慰自己。

渐渐地,夜幕降临了,黑黑的天空仿佛被雾遮住了,看不到月亮,更看不到星星,我心中不知不觉浮出一丝伤感。嗨!什么叫伤感?伤感干什么?那些小星星依然实实在在地存在于浩瀚的宇宙中啊，只不过是被雾气遮挡住了，只要星星在，雾气消散了，不就看到它们了么。我一下子仿佛明白了许多事，心情也放松多了。于是，我想给雪雪儿姐姐写一封信，背景就是一闪一闪的小星星，我在信中写道："雪雪儿姐姐，你能看到那些小星星吗？如果你看见它们，就会觉得你的亲人朋友并不遥远，因为也许他们这时也在欣赏着同一颗星星……"

第二天，我收到了她的回信……

她那几天的确很忙，她还说等到有时间一定要好好与我聊聊，还会来哈尔滨玩儿。我一听她这样说，心里就踏实多了，打算不去打扰她。那天晚上，我看到了小星星，或许在心里。

以后，我遇到困难总是问她，她总是耐心地帮我回答。姐姐说想看看我的照片，我给她邮了十张，她也给我传来她的两张相片，很漂亮呦！我告诉她梳辫子的那张好看，有孩子气，她"哈哈"一乐说：那我把辫子梳起来好了。她给我传的《阿贵》让我和弟弟乐得够呛，她给我的《最美》只是听朋友说过，这回头一次听，果然不错，最后一首《雨一直下》风格很独特，都是她传给我的。

直到有一天，姐姐给我留了作业，让我到写作实验室发表作文，我完成了作业。她好像很高兴，说看见淘孩儿的名字就很高兴，就像精神支柱一样，我真的很高兴。真实，我做到了姐姐让我做的事，我才最高兴……

有过多少岁月，仿佛就在昨天。况且只不过是短短的一个月。

我告诉她，三年后我会去北京，到时候在虚拟世界中的"死党"就会变成真正的朋友了。她愿我能实现理想，三年后会在北京等我。

明天就要开学了，这将意味着我要离开这里——我的网上的家。我不会忘记那个聊天室，是它让我认识了一个姐姐——一个好姐姐。

我不会用华丽的语言修饰我的心情，尤其是真实的心情，总觉得过于修饰会有些虚假的感觉，所以，难免显得有些平淡，但要说的我也都说了，也许有没写进去的，那是已藏留在心中了。

姐姐——三年后——北京见！

妹妹淘孩儿

2001 年 7 月 27 日

【简 评】

    本文作者将网友之间的真挚友情描绘得真挚细腻、打动人心。作者与雪雪儿姐姐之间有着难以忘怀的姐妹情，难以忘怀的网络友谊，言语中浸透着作者的真实情谊，真实感人。

我的良师益友们

情谊卷

在智慧提供给整个人生的一切幸福之中，是以获得友谊为最重要的。

茶杯中的痕迹

述说起友情的年轮

擦也擦不掉

不知如何是好

还是那双手

为我斟满香茗

水汽后他是那样执着

等我喝下第一口

站在两个人的空间

除了身体

剩下的是什么

唯我和他知道

温暖的不只是茶水

还有……

快乐阅读
kuai le yue du

居里夫人·施士元·吴健雄 / 梁晓声

在南京大学陶谷新村一间寓所里,93岁的南京大学物理系教授施士元珍藏着两幅照片。一张照片记录了七十年前在巴黎大学为中国人举行的一场博士论文答辩会,台上那位青年学生就是年仅25岁的施士元,参加答辩的是他的导师、著名的科学家居里夫人,以及其他两位诺贝尔奖获得者。另一张照片是20世纪70年代的一张师生合影,有中国"居里夫人"美誉的著名科学家吴健雄坐在她的老师施士元先生的身旁,这是她每次回国都来看望恩师的记录。两张照片定格了历史的瞬间,也联结着三位科学家的师生情谊。

1929年,21岁的施士元以优异的成绩从清华大学毕业,随后通过江苏省举行的官费留学考试,漂洋过海,历时31天,来到闻名世界的巴黎大学。注册时,施士元收到一沓长长的导师名单,上面排列着数十位法国学者和各国科学家的名字。在仔细翻阅时,眼前出现了一个令他几乎不敢相信的名字——蜚声世界的居里夫人。从此,他与这位伟大的名字结下了不解的师生之缘。

施士元怀着忐忑不安的心情给居里夫人写了一封信,表达想到居里夫人门下攻读博士学位的愿望。信周三发出,令他意想不到的是,星期五居里夫人就给施士元寄来回信,约他星期六上午8点去她的镭研究所面谈。

在施士元的脑海里,七十多年前首次见到居里夫人时的情景仿佛历历在目。身高1.60米,满头银发的那位西方科学巨人,以母性的微笑握住了这位东方年轻人的手说:"欢迎你,施先生。"随后,施士元把清华大学校长的推荐信交给居里夫人。通过简短的交谈,居里夫人说:"按规定,到我的研究所必须通过考试,但根据你的情况,你可以免考直接来工作了。"望着居里夫人睿智而又信任的目光,施士元激动得说不出话来。要知道,眼前这位巨人,是唯一两次获得诺贝尔奖的女科学家,是在人类发现的一百零几种元素中有两个是她发现的女科学家,是放射学的首创人,是被爱因斯坦赞誉为"在我认识的所有著名人物中,唯一一位不为盛名所倾倒的人"啊。在居里夫人一手创办的镭研究所,施士元在居里夫人的指导下开始了他的研究工作。在居里夫人身边,他学到了知识,学到了居里夫人严谨的治学精神。几年下来,施士元的学业取得突破性进展。

这位在科学界崭露头角的东方学生令居里夫人满心欣慰,对他也关爱有加。在施士元做实验时,居里夫人经常站在身边,反复提醒必须注意的事项,叫他不能用手去碰放射源,接近放射源时,要用铅盾挡住身体,要屏住呼吸,防止把放射气体吸入体内。居里夫人的反复提醒多了,施士元有些不解和不耐烦。后来才明白,原来在他来镭研究所之际,一位法国同学因没有注意安全事项而不幸丧生,居里夫人为此痛心不已。得知实情后,居里夫人平时的叮嘱像东方母亲的叮咛一般暖遍施士元的身心。紧张的工作之余,居里夫人总会询问起这位远离故土学生的生活情况,问他有没有困难,有些生活的琐事也能为他想得很周详。

名师出高徒。1933 年春天的一个阳光和煦的日子,在巴黎大学理学院的阶梯教室里,举行了施士元博士论文答辩会。居里夫人、I. 拜冷和 A. 特比扬主持答辩, 三位主考官都是诺贝尔奖的获得者。施士元认真而自信地宣读完论文后,答辩委员会对施士元的答辩十分满意。从休息室出来,居里夫人高兴地宣布:"论文通过,很好。"恩师与爱生的手紧紧相握。

第二天, 居里夫人专门为施士元举行了香槟酒会。在镭研究所那块草坪上,居里夫人显得格外高兴。席间,居里夫人来到施士元身边,轻声问他是否愿意留下来工作。面对恩师满怀期望的眼神,施士元沉默了,随后他说:"我们公费学习的期限是四年。"善解人意的居里夫人知道,这样一位才华横溢的东方青年心底有一个矢志报效祖国、培养人才的夙愿。

1933 年夏天,25 岁的施士元告别居里夫人,取道苏联回到祖国。回国后,他受聘为南京大学的前身中央大学物理系主任,成为中国最年轻的教授。

作为居里夫人的学生,施士元开辟了我国的物理事业,成为中国最早从事河系核谱工作的学者,第一次提出了"原始粒子"的猜想。在近七十年的教学科研生涯中,为国家培养出一大批物理学的栋梁之材。如今,他的学生中有 12 位成为中国科学院院士,有相当一批人成为我国"两弹"研制的骨干力量。在众多弟子中,他常常提到世界著名核物理学家、曾任美国物理学会会长、被誉为"美籍华裔的居里夫人"的吴健雄。

1933 年,吴健雄成为施士元所教的 10 多名学生中的一位。施先生慢慢注意到,这位美丽端庄的江南姑娘不但字好,成绩好,而且为学的精神和方法都很好。于是,像居里夫人对待自己一样,施先生给予这位聪慧的学生以更多的关注,在教学、科研和毕业论文写作中,师生俩结下了深厚的情谊。吴健雄成名后说过,把她带进物理学的关键人物是施士元教授。

吴健雄从南京大学的前身中央大学毕业后,先后到中研院、浙江大学、美国加州大学,直至在世界上首次证明"弱相互作用中'宇称'是不守恒"这个命题,与杨振宁、李政道一起,成为世界著名的物理学家,其间她与恩师一直音讯不断。

1978 年,离开祖国几十年的吴健雄,带着游子的成就和思念回到了祖国。行装甫放,她立刻赶到施士元家中。师生的双手紧紧相握。望着恩师的满头鬓霜,吴健雄眼里噙着泪花……

从此,吴健雄每回国一次,都要到施先生家中。岁月如梭,20 世纪的时光,已把两位师生变成世纪老人。他们师生之间虽然相差 4 岁,但吴健雄从没有忘记自己的入门师。施先生说:每次相聚,他们师生之间总有那么多共同的话题,那么多嘘寒问暖的关爱,那么多对师生同堂岁月的回忆。

1997 年,吴健雄因病在美国去世。施老闻讯,悲痛万分,身体一度很虚弱。当吴健雄的丈夫袁家骝把她的骨灰送回家乡江苏太仓时,专程到南大看望施先生。黄叶未落,青叶骤逝,先生潸然泪下。学生的辞世又一次激起施先生悲痛的回忆。那是六十三年前的 1934 年 7 月 4 日,他离开居里夫人的第二年,居里夫人因大半生接触放射性物质,患恶性贫血在法国阿尔卑斯山疗养院逝世,享年 67 岁。直到 1978 年,施先生才有机会来到法国,昔日的镭研究所已成了居里夫人博物馆。无情的时光打断过人们许多美好的愿望,但割舍不开人们恒久的情谊。在众多情谊中,从居里夫人到施士元再到吴健雄,这样的师生情谊尤为令人感动、弥足珍贵。因为这样的情谊纽带是用科学、智慧、生命和赤诚织成的。

那一刻，诚你的清纯如水

与你共品
yu ni gong pin

　　文章以两张照片为契机展开描述，睹物思人，由物忆事。概括叙述照片内容，简明扼要。精要议论照片主旨，画龙点睛。让读者一读文章就能很快进入表现居里夫人、施士元、吴健雄三位科学家的师生情谊的主题中。

　　全文运用了倒叙的手法，主体部分按时间顺序叙说，围绕第一部分对照片的概述，先后记叙了施士元在居里夫人的关怀下成长而开辟我国物理事业和他又培养了吴健雄这样有中国"居里夫人"之称的科学家的事迹。表现了从居里夫人到施士元再到吴健雄三人两代师生情谊，这种情谊令人感动又弥足珍贵。"因为这样的情谊纽带是用科学、智慧、生命和赤诚织成的。"

个性独悟
ge xing du wu

　　★从对两张照片的内容的描述看，作者所要侧重表现的人物是谁？作者将两张照片进行对照的用意是什么？

　　★结合上下文的内容，谈谈你对"两张照片定格了历史的瞬间，也联结着三位科学家的师生情谊"的理解。

　　★为什么在施士元先生的脑海里七十多年前首次见到居里夫人时的情景仿佛历历在目？

　　★对首次见面的情景的描述，文段用了大量的篇幅对居里夫人进行了正面的、侧面的赞美，这些溢美之词的用意何在？

快乐阅读
kuai le yue du

心 花 / ···唐秋云

　　我是苍茫大山的女儿,别的同学可以偶尔逛街购物时,我只能在图书馆、教室、寝室留下苦读的身影。

　　所以当老师将300元的一等奖学金递到我面前时,我先是慌得不知所措,继而惊喜万分地双手接过。

　　躺在床上,面对那一叠不厚不薄的钞票,爸爸累弯的腰,妈妈缺乏营养而蜡黄的脸,那个一贫如洗的家,没商没量地纷纷涌到了我眼前。妹妹马上要参加高考,没有资料是不行的,得寄她50元;弟弟的学费也许还欠着呢,给他留30元算了;嫂嫂正在坐月子要钱买营养品,至少得50元;春耕又开始了,爸妈肯定又在为化肥钱东家借、西家凑,想着他们涨红了老脸,低声下气求别人的样子,泪一下子涌了出来。50元不够,那就拿100元吧。唉,怎么一会儿就只剩下70元了呢。妈妈那件衬衫补丁一个叠着一个,买件新的20元该够了吧?爸要买的则太多了:鞋子、衬衫、长裤……

　　为了供我们姐弟三人上学,家里日子一直很拮据。为此,我放弃了自己心爱的法律专业,报考了有补助的师范。唉,不想了,一想起家里的窘境,真想大哭一场。

　　我跳下床,一不小心踩在了鞋子上,那双不堪负荷的鞋已成了"开口笑",看来不买一双是不行了。300元奖金转眼"烟消云散"。

　　"请客!"几个室友蜂拥而入。"请什么客?"我一时有点儿莫名其妙。"别装蒜了,那么多奖学金,不意思一下可不行哟。"

　　天,我怎么将"请客"这茬给忘了!"请客"是我们寝室的传统。谁交了男友,谁有了汇款,谁挣了点儿外快,不请众姐妹吃一顿别想过好日子。我深知自己无力回报,她们每次请客我都尽量回避。无奈每次她们拉的拉、扯的扯,让我无法推脱。坐在她们中间,听着她们无忧无虑的笑声,想着欠人家这份情如何偿还,往往我是吃的时候少,心伤、不安的时候多。但我从不愿将我的一切告诉她们,我不愿看到别人同情的目光。我只有将自己的苦和泪埋在日记里。我很想潇洒一回,大大方方请姐妹们过上一把瘾,可是这样一来,妈妈的衬衫、我的鞋子就全成了泡影。但是我不请的话,她们肯定会瞧不起我,说我死抠。听,雪儿好像正在说什么"早知人家瞧不起咱,真不该自讨没趣"。不,即使光脚走路,也要请小姐妹一次,我不能容忍自尊心的损伤。

我努力微笑着:"姐儿们,今天晚上我请客。"大家因为我先前沉默了一大阵,这会儿又蹦出一句,都怪怪地瞟我一眼,又各忙各的了。我屈辱到了极点,憋着气,拉开门跑了出去。刚带上门,雪儿愤愤的声音尾随而至:"我们哪次请客没请她去?这次好不容易轮上她了,却一毛不拔,真是。"叶子接着说:"总请她吃,连咱们的友情都被吃掉了,小气鬼!"

……

我再也听不下去了,边捂着嘴流泪边跑。如果能够挽回她们对我的友好,我宁愿用全部的300元,甚至3000元请她们,只要她们不误解我,不敌视我,不对我冷冰冰的,我什么都愿做。我实在不愿被打入友情的冷宫。

傍晚我提着一大包东西回来了。包里有雪儿爱吃的花生米、叶子爱嗑的海瓜子、玲玲喜欢吃的兰花豆,我还特意给珊珊买了本她梦寐以求的杂志。至于妈妈的衬衫、我的鞋子自然依旧躺在梦想中。我在寝室门口调整好表情,轻轻推开门,意外地,屋里一个人也没有。难道她们就这样联合整我、排斥我?好不容易提起的心情又沉进了万丈深渊。我一头栽在枕头上,却发现枕旁放着一叠钱和一张纸条,纸上写着:

阿云,我们出于一种阴暗的好奇,偷看了你忘了收起的日记,才知道你一直多么坚强地面对着生活。可上午我们却那样残酷地伤害了你。你为什么不早告诉我们你的一切呢?你错了,我们从未轻视过你。这80元钱是我们八个人凑起来的,别逞强,收下吧,它不是施舍,是友情。

小云,再一次请你原谅我们庸俗的言行,原谅我们的肤浅与无知。

你永远的室友

风轻轻,花淡淡,静静的黄昏里一种声音温柔地传来,幽长幽长……我知道那是花开的声音。我小时候就听奶奶说过:每一个人心里都有一朵美丽的心花,而且只有在特殊的情况下盛放。雪儿、叶子,此刻我清晰地听到有一种声音从你们心灵深处悠悠传来,轻轻柔柔地渗进我的生命……

那就是花开的声音吧?

与你共品
yu ni gong pin

这是一篇记述大学生室友间的误解、理解、友谊的文章。穷人的孩子早当家,当阿云得了一等奖学金之后,家里的情况没商没量地涌入眼前,想用这钱解决一下家中的燃眉之急。然而,寝室请客的传统使她左右为难,又使不了解情况的室友误以为她小气。小云不愿意友情被打入冷宫而决定请客,同学"偷窥"日记而了解小云家的境况,不但和好如初,而且还为了友情凑款。故事到此就结束了,但作者在最后两段的抒情,使读者所闻花香,所听花长的声音,使文章隽永,萦绕于脑海间。

个性独悟
ge xing du wu

★"那个一贫如洗的家,没商没量地纷纷涌到了我眼前"句中"没商没量"说明了什么?"纷纷"是指什么说的?

★"我"在别人请客时的心理重负是什么?与其他人形成鲜明对比的句子是哪句?

★"我在寝室门口调整好表情",为什么要"调整好表情"?"调整"前的"表情"又是什么样的一种"表情"?

快乐阅读
kuai le yue du

交友之道/···潘益大

　　人生在世，总希望能结交几个志同道合的好朋友。《诗经》写道："嘤其鸣矣，求其友声。"鸟儿呼叫，也是在寻找友谊，何况人呢？青年人热情淳朴，血气方刚，尤其喜欢交朋友。当你伸出友谊之手，换取了一颗真诚相待的心，可以与他倾吐知心的话，做起事来有人相帮，这时候，你会获得一种幸福之感。

　　然而，结交朋友，不可不察交友之道。这就是荀子所说的："匹夫不可以不慎取友。"这是因为，"与善人居，如入芝兰之室，久而不闻其香；与不善人居，如入鲍鱼之肆，久而不闻其臭。"无数的事例证明：朋友的好坏，对青年人的品行影响极大，有的甚至会起着决定性的作用。

　　古之君子，对于交朋友这件事总是认真对待的。魏晋时有个叫管宁的读书人，与华歆在园中种菜，见地上有块金子，管宁照样锄地不停，华歆却拾起来看了看才扔去。后来，两人在一起读书，门外恰好驶过大官的马车，管宁仍然专心致志读下去，华歆却丢掉书出门观看。通过这两件事，管宁觉得华歆这个人贪慕钱财，热衷功名，不是自己志同道合的朋友，于是便与他绝交了，这就是历史上有名的"管宁割席"的故事。当然，用今人的眼光来看，不给教育帮助，单纯地用绝交的办法对待华歆，似乎有点儿过分，但管宁选择朋友时这种严肃的态度却是值得肯定的。近朱者赤，近墨者黑。管宁为保持自己纯正的节操，避开了名利思想严重的人，这正是交友之道的第一要义。现在，有的青年人只讲义气，不重志向，谁给我好处，就跟谁好，甚至在公共场所遇到素昧平生的陌生人就轻率相交，由于不善于识别那些假朋友，受骗上当之事屡屡发生。希望青年们能记取这类教训。

　　对于真正志同道合的朋友，我们应该如明代学者苏浚所说，做"缓急可共，生死可托"的"密友"，而不能当"利则相攘，患则相倾"的"贼友"。王安石有个好朋友叫孙少述，素来交情很深。王安石曾以诗相赠："应须一曲千回首，西去论心更几人？"引为知己。但当王安石当了宰相后，孙少述却一直不与他往来，大家议论纷纷，以为他们断交了，孙少述却自有想法。后来，王安石变法失败，丢掉了宰相职务,到地方上做小官,这时孙少述又对他热情相迎。两人见面,互相宽慰致意,彼此谈经学,乐而忘返,直到暮色苍茫,方才依依惜别。事情传开,人们才知道孙少述对朋友高尚真挚的情谊。

朋友间由于各自个性、习性、特点不一样,在交往中要绝对不发生分歧、摩擦是极为罕见的。如果发生了矛盾怎么办?

歌德与席勒之间的友谊向来为人称颂,可是由于生活遭遇和性格上的不同,这两个同时代的大诗人的最初关系并不是融洽的。歌德比席勒年长 10 岁,当席勒还是个小青年的时候,歌德已名扬天下。但是后起之秀席勒的才华并不亚于当年的歌德,21 岁就以剧作《强盗》一举成名,接着又写了《阴谋与爱情》等三个风靡一时的悲剧,成为有名的青年悲剧诗人。文人难免相轻,两人相处便不如从前那样自如,感情上也产生了距离。不过,歌德毕竟具有伟大的胸怀,他钦佩席勒的长处(席勒能够不受周围环境的影响,专心致志努力创作),他决心追上同时代的年轻人。五年之后,他与席勒重新相会,并以诚挚的心灵开始深交。他对席勒说:"你给了我第二次青春,使我作为诗人复活了。"此后,两人在写作上多次亲密合作,成为终身好友,死后还同葬在一起。歌德的虚心好学、克己待人,弥合了他与席勒之间的裂痕,使他们的友谊的基础打得更深更扎实。

培根说:"在智慧提供给整个人生的一切幸福之中,是以获得友谊为最重要的。"青年人如何择友,如何建立和发展友谊,从以上这些前人的事迹,也许可供借鉴。

与你共品
yu ni gong pin

　　这是一篇对喜好交友的中学生朋友针对性很强的议论文。文章以名人的交友趣事阐述了交友之道,对人们选择真正的志同道合的朋友极有裨益。文章以"管宁割席"这个耳熟能详的佳话说明交友之原则,道不同,不相与谋,也就是我们常说的要与高尚人士交朋友。第二个事例以王、苏之交说明患难朋友的可贵,生死可托是朋友的最高境界。第三个事例以歌德、席勒弥合友谊为例,说明交友要克己待人。能够死后同葬一起,这种友谊真正做到了"盖棺定论"了。

那一刻，读你的清纯如水

个性独悟
ge xing du wu

★"大家议论纷纷，以为他们断交了，孙少述却自有想法"，大家为什么以为他们"断交"了？孙少述的"想法"是什么？

★歌德对席勒说"你给了我第二次青春，使我作为诗人复活了"，这表现了歌德怎样的为人？席勒给了歌德怎样的"第二次青春"？

★举例说明本文使用了哪些论证方法，这样写有哪些好处？

★怎样理解结尾处培根的话？而引用培根的话在文中有什么作用？

快乐阅读
kuai le yue du

谁是最可怜的人 / ··· 大漠雪狼

我大学毕业后，由于刚好撞上自主择业的风头浪尖，工作成了老大难问题。再加上我性格比较内向，不善交际，说起话来笨嘴拙舌，所以参加过无数次人才交流会仍旧是一无所获。

买好去广州的火车票之后，口袋里只剩下 100 元钱，但我横下心要出去闯一闯。

南方确实有不少空缺的职位，可是在这个过分注重经验的地方，留给我的机会又实在少得可怜。我借住在一位高中同学那儿，每天忍气吞声看别人脸色，自尊也和信心一样，被某种无形的东西践踏得体无完肤。

周末大型人才交流会的门票很贵，每次要 20 元钱。两个礼拜后我的囊中只躺着几个在地铁站换来的坐公交车的硬币，而递出去的求职简历却是泥牛入海，杳无音讯。更没料到，早就把我看做一种累赘的同学，在没打任何招呼的情况下，去了同事家过夜。那天晚上，我蹲在出租屋门口，很不争气地流着眼泪，大热的天，我却感觉浑身都在战栗。

第二天，我知趣地收拾好简单的行李，离开了那间不知是让我感激还是让我伤心的小屋。

我先乘车到天河，然后步行穿过体育东路，打算先到广州火车东站待一段时间。谁知道去了后才弄明白，没有车票根本就进不了候车室。我只得拖着沉重的脚步向前面的地下通道走去。刚走了不到100米，一个衣着破烂的乞丐挡住了我的去路，他看上去约摸40岁，少了只胳膊。我有些不耐烦地准备绕开，却听见他说："先生，给点儿钱吧，我家上有老下有小，都指望着我……"我忿忿地盯着他，说："你很可怜吗？我比你还需要救济！"那时他手里还握着一把零零碎碎的小钞，应该比我兜里的几个硬币要有分量得多。

蜷缩在清冷的地下通道里，那是一种生不如死的感受。在那个难以成眠的夜里，我一次又一次地对自己说：你才是世界上最可怜的人。

次日清晨，我舍不得吃早餐，坐车去了南方人才市场，听说每到星期四都有一场开放式人才洽谈会，有本科学历者不用买门票。

由于是小规模的，到场的招聘单位就那么三十来家，而且都是些小打小闹叫人雾里看花的"芝麻公司"。可我完全顾不了那么多了，先找个安身之处活下去才是硬道理。几经筛选，我挤到了一家主营热水器的公司台前，递上了自荐材料。我学的是贸易经济专业，跑业务应该对口。当然，最重要的是，招聘启事上写明了包吃包住，而且底薪不是责任底薪，也就是说暂时拿不到业务也不必担心饿肚子蹲桥底。

招聘者是个看上去慈眉善目的中年人，这让我突生博人同情的念头。他简要地问过几个老掉牙的问题之后，突然话锋一转："能谈谈你选择我们公司的原因吗？"我草草地打了个腹稿，鼻子一酸，开始了声情并茂的表白。我说我觉得自己做销售肯定能行，但更多的却是和盘托出现今面临的困境。

他粗略地打量我一番，把我填好的求职表放进抽屉，叫我等通知。而我没有立即离去，磨蹭着问他能不能当场拍板。他不假思索地摇了摇头，眼神里满是疑惑。我说求你给个机会好不好，我现在真是没法生存下去了。当时我说话简直就带上了哭腔，稍有善心的人都会动容，但他没有，用手示意下一位应聘者……

出乎意料的是，第二天我竟接到了他打来的传呼。我用最后一块硬币回了电话，激动得拨错好几次号码。他没说什么，只是约我到公司见面。

中午,所有员工都已下班休息,他把我叫进办公室。"首先我得明白地告诉你,今天并不是通知你来面试或上班的。"他的话如同一盆凉水,把我心头刚刚升起的希望之火浇灭了。咬牙切齿地憋了许久,我才开启双唇:"那你把我叫过来的意思是……"

"昨天你走了之后,我突然觉得你的确很可怜很可怜,但事实上不应该这样的。"他的语气同他的目光一样坚决,"你知道为什么吗?"在那一刹那,我的感觉就是他在有意侮辱我!见我默不作声,他又说:"如果你认为自己几天没吃饭就特可怜的话,我可以告诉你,非洲的很多孩子只能靠吃草根树皮度日,而且不少人已经饿死了,他们理应比你更可怜。"这时他已走到我跟前,手掌重重地压在我肩膀上,让我感到一种前所未有的窒息,全身的血液似乎无路可逃地在向各个方向突奔。

整整半个多小时,我就耷拉着头听他毫不客气地教训我。直到 12 点 50 分,他才提出带我到楼下的馆子里吃顿饭。谈话间,我知道他姓邓,前几年他下岗时也曾沉闷苦恼过好一阵子,后来应聘到这家公司,凭着自己的努力做到了人力资源部经理。他说他想帮我,但不能因此而录用我。

我对他已提不起丝毫的恨意,反倒有了几分感激。走的时候,他硬塞给我 500 块钱,并声明是借给我的。抓着那沓钱,我刚说了声谢谢,眼泪就不自觉地流了下来。我不明白堂堂男子汉为什么会这么容易掉泪。

"当你有能力把钱还给我的时候,我还想知道一个答案。"他用一种写满鼓励的眼神看着我,递上一张名片,接着说,"我想让你告诉我,这个世界上,什么样的人才是最可怜的人?"

继续在广州停留了几天,我发现涉世不深的我并不太适合这个现代化的大都市,于是就返回了长沙,应聘到一家杂志社跑广告。因为我从小就对文学有着近乎执拗的钟爱,在做好本职工作的同时,我抓住一切机会向社里的编辑学习,啃了一本又一本文学书籍,并尝试着拿起笔来写文章。就这样一步一个脚印,我从一个广告业务员,如愿以偿地成长为称职合格的编辑、记者。

坐在高层写字楼里,看着窗外飘来荡去的云朵,我总会情不自禁地想到那位已经记不清相貌的邓先生。虽然钱早已还掉,但是他馈赠我的那笔无形的财富,却是再多金钱也偿还不起的。他让我悟出人生的哲理:当你认为自己很可怜,应该得到别人的同情时,那么,很不幸,你就是这个世界上真正最可怜的人。这种抢先把自己打败,让自己安于困境,不懂得正视现实,只是一味地奢望同情的人,其实最不值得同情。

与你共品
yu ni gong pin

　　身处困境应怎样谋求出一条出路呢?认为自己处境可怜,并以此来博取别人的同情,就像蜷缩在城市角落的行乞者,这样行得通吗?作者以自己的亲身经历告诉我们:这是一条行不通的路。正如"他"没有给行乞者施舍,别人也不会施舍给你什么。但"他"却从一个只见过一面的人那里得到了"他"真正需要的东西。

个性独悟
ge xing du wu

　　★面对招聘者,"我"的声情并茂的表白内容是什么? 它缘自于"我"内心什么样的想法?
　　★"在那一刹那,我的感觉就是他有意侮辱我!"你认为是"侮辱"吗?
　　★"他说他想帮我,但不能因此而录用我。"你能看到邓先生怎样的做事原则?你赞同吗?
　　★文中有"我"的两次流泪经历,说说泪水中所包含的情感。
　　★"我"的高中同学采取"无言逐客"的方式应该是意料中的事。你能否在前文中发现蛛丝马迹?

快乐阅读
kuai le yue du

朋友与寂寞 / ··· 周国平

又是周末了,谁会给我打电话呢?我已经发现,平时电话总是十分繁忙,周末的电话却比较稀少了。平时来电话的多为编辑、记者之类,为了约稿或采访,属于公事;周末来电话的大抵是朋友,想聊聊天或聚一聚,属于私交。那么,我的朋友越来越少了吗?

朋友实在是一个非常笼统的词。一般人所说的朋友,多指熟悉到了一定程度的熟人,遇到需要帮忙的事情,彼此间是求得上的。关于这类朋友,前贤常予苛评。克雷洛夫说:"当你遇到困难时,把朋友们找来,你会得到各种好的忠告。可是,只要你一开口提到实际的援助,你最好的朋友也装聋作哑了。"马克·吐温说:"神圣的友谊如此甜蜜、忠贞、稳固而长久,以致能伴随人的整个一生——如果不要求借钱的话。"亚里斯多德说得更干脆:"啊,我的朋友,世上并不存在朋友。"我不愿意把人心想象得这么坏,事实上也没有这么坏,我相信只要我的请求是对方力所能及的,我的大多数熟人一定会酌情相助。只是我这个人比较知趣,非到万不得已之时决不愿求人,而真正万不得已的情形是很少的。为了图清静,我也不喜欢把精力耗费在礼尚往来的应酬上。所以,我和一般人的交往常常难以达到所需要的熟悉程度,够不上在这个意义上称做朋友。

与泛泛之交式的友谊相反,另一些人给朋友订的标准极高,如同蒙田所描述的,必须是两个人的心灵完全相融,融合得天衣无缝,犹如两个躯体共有一颗灵魂,因而彼此对于对方都是独一无二的;其间的友谊是不容第三者分享的。据蒙田自己说,他和拉博埃西的友谊便是如此。我不怀疑天地间有这样可歌可泣的友谊，不过，就像可歌可泣的爱情一样，第一，它有赖于罕见的机遇。第二，它多半发生在青年时期。蒙田与拉博埃西就是在青年时期相识的，而且仅仅五年，后者便去世了。一般来说，这种恋情式的友谊往往带有年轻人的理想主义色彩，难以持续终身。当然，并非绝无可能，那便是鲁迅所谓"人生得一知己足矣"的境界了。不过，依我之见，既然忠贞不渝的爱情也只能侥幸得之，忠贞不渝的友谊之难觅就不算什么了不得的缺憾了。总之，至少现在我并不拥有这种独一无二的密友。

现在该说到我对朋友的理解了。我心目中的朋友，既非泛泛之交的熟人，也不必是心心相印的恋人，程度当在两者之间。在这个世界上也有些这样的人，不见面时会互相惦记，见了面能感觉到一种默契，在一起度过一段愉快的时光，他们便是我心目中的朋友了。有时候，这样的朋友会像滚雪球一样聚合，形成一个所谓的圈子。圈子容易给人以错觉，误以为圈中人都是朋友。我也有过一个格调似乎很高的圈子，当时颇陶醉于一次次高朋满座的畅谈，并且以为这样的日子会永远延续下去。未曾料到，由于生活的变故，这个圈子对于我已不复存在。鲍斯威尔笔下的约翰生说："一个人随着年龄增长，如不结交新朋友，他就会发现只剩下了孤身一人。人应当不断修补自己的友谊。"我以前读到这话很不以为然，现在才悟出其中的辛酸。不过，交朋友贵在自然，用不着刻意追求。在寂寞的周末，我心怀感激地想起不多的几位依然互相惦记的老朋友和新朋友，于是平静地享受了我的寂寞。

与你共品
yu ni gong pin

"朋友"是一个再熟悉不过的词了，走在街上，高分贝叫喊着"朋友"，"朋友"会不绝于耳。但你是如何定位属于你的朋友的呢？阅读这篇短文后，再做作文后的练习，你会不会列出称得上朋友的人的名单呢？

那一刻，读你的清纯如水

个性独悟
ge xing du wu

★文章是如何引出"朋友"这个话题的？

★三位前贤对"朋友"的评论可为苛刻，却是"英雄所见略同"，相同之处是什么？

★"圈子容易给人错觉，误以为圈中人都是朋友。"作者这样表述，其中蕴含着怎样的思考？

★"交朋友贵在自然，用不着刻意追求"的道理你能悟到吗？

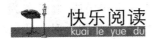

快乐阅读
kuai le yue du

韬奋的最后 / ···郑振铎

韬奋的身体很衰弱，但他的精神却是无比的踔厉。他自香港撤退，尽历了苦辛，方才到了广东东江一带地区。在那里住了一时，还想向内地走。但听到一种不利于他的消息，只好改道到别的地方去。天苍苍，地茫茫，自由的祖国，难道竟摈绝着他这样一位为祖国的自由而奋斗的子孙吗？

他在这个时候，开始感觉到耳内作痛，头颅的一边，也在隐隐作痛。但并不以为严重。医生们都看不出这是什么病。

他要写文章，但一提笔思索，便觉头痛欲裂。这时候，他方才着急起来，急于要到一个医诊方便的地方就医。于是间关奔驰，从浙东悄悄地到了上海。为了敌人们对于他是那样的注意，他便不得不十分的谨慎小心。知道他的行踪的人极少。

他改换了一个姓名，买到了市民证，在上海某一个医院里就医。为了安全与秘密，后来又迁徙了一两个医院。

他的病情一天天的坏。整个脑壳都在作痛，痛得要炸裂开来，痛得他终日夜不绝地呻吟着。鼻孔里老淌着脓液。他不能安睡，也不能起坐。

医生断定他患的是脑癌，一个可怕的绝症。在现在的医学上，还没有有效的医治方法。但他自己并不知道。他的夫人跟随在他身边。医生告诉她：他至多不能活到两星期。但他在病苦稍闲的时候，还在计划着以后的工作。他十分焦急地在等候他的病的离体。他觉得祖国还十分的需要着他，还在急迫地呼唤着他。他不能放下他的担子。

有一个短时期，他竟觉得自己仿佛好了些。他能够起坐，能够谈话，甚至能够看报。医生也惊奇起来，觉得这是一个奇迹：在病理上被判定了死刑和死期的人怎么还会继续地活下去，而且仿佛有倾向于痊愈的可能，医生觉得有点儿不可思议。

这时期，他谈了很多话，拟订了很周到的计划。但他也想到，万一死了时，他将怎样指示他的家属们和同伴们。他要他的一位友人写下了他的遗嘱。但他却是绝对的不愿意死。他要活下去，活下去为祖国而工作。他想用现代的医学，使他能够继续地活下去。

他有句很沉痛的话，道："我刚刚看见了真理，刚刚找到了自己要走的路，难道便这样地死了吗？"

没有一个人比他更真实的需要生命，不是为了自己，而是为了真理，而是为了祖国。

他的精神的力量，使他的绝症支持了半年之久。

到了最后，病状蔓延到了喉头。他咽不下任何食物，连流汁的东西也困难。只好天天打葡萄糖针，以延续他的生命。

他不能坐起来。他不断地呻吟着。整个头颅，像在火焰上烤，像用钢锯在解锯，像用斧子在劈，用大棒在敲打，那痛苦是超出于人类所能忍受的。他的话开始有些模糊不清。然而他还想活下去。他还想，他总不至于这样的死去的。

他的夫人自己动手为他打安眠药的针，几乎不断的连续地打。打了针，他才可以睡一会儿。暂时从剧痛中解放出来。刚醒过来的时候，精神比较好，还能够说几句话。但隔了几分钟，一阵阵的剧痛又来袭击着他了。

他的几个朋友觉到最后的时间快要到来，便设法找到我蛰居的地方，要我去看望他。我这时候才第一次知道他的在上海和他的病情。

我们到了一条冷僻的街上，一所很清静的小医院，走了进去。静悄悄的一点儿声息都没有。自己可以听见自己呼吸的声音。

我们推开病室的门，他夫人正悄悄地坐在一张椅上，见我们进来，点点头，悄悄地说道。"正打完针,睡着了呢。"

"昨夜的情形怎样?"

"同前两天相差不了多少。"

"今早打过几回针?"

"已经打了三次了。"

这种针本来不能多打,然而他却依靠着这针来减轻他的痛楚。医生们绝不肯这样连续地替他打的,所以只好由他夫人自己动手了。

我带着沉重的心,走近病床,从纱帐外望进去,已经不大认识,躺在那里的便是韬奋他自己了。因为好久不剃,胡须已经很长。面容瘦削苍白得可怕。胸部简直一点儿肉都没有,隔着医院特用的白被单,根根肋骨都隆起着。双腿瘦小得像两根小木棒。他闭着双眼,呼吸还相当匀和。

我不敢说一句话,静静地在等候他的醒来。

小桌上的大鹏钟在嘀嗒嘀嗒的一秒一秒地走着。

窗外是一片灰色的光,一个阴天,没有太阳,也没有雨,也没有风。小麻雀在叽叽地叫着,好像只有它们在享受着生命。

等了很久,我觉得等了很久,韬奋在转侧了,呻吟了,脓水不断地从鼻孔中流出,他夫人用棉花拭干了它。他睁开了眼,眼光还是有神的。他看到了我,微弱地说道:"这些时候过得还好吧?"几乎是一个字一个字挣扎出来的。

我说:"没有什么,只是躲藏着不出来。"

他大睁了眼睛还要说什么,可是痛楚来了,他咬着牙,一阵阵地痉挛,终于爆出了叫喊。

"你好好地养着病吧,不要多说话了。"我忍住了我要问他的话,那么多要说的话。连忙离开了他的床前,怕增加他的痛楚。

"替我打针吧。"他呻吟地说道。

他夫人只好又替他打了一针。

于是隔了一会儿,他又闭上了眼沉沉睡去。

病房里恢复了沉寂。

我有许多话都倒咽了下去,他也许也有许多话想说而未说。我静静地望着他,在数着他的呼吸,不忍离开。一离开了,谁知道是不是便永别了呢?

"我们走吧。"那位朋友说,我才蓦然从沉思中醒来。我们向他夫人悄悄说声再会,轻轻地掩上了门,退了出来。

"恐怕不会有希望的了。"我道。

"但他是那么样想活下去呢！"那个朋友道。

我恨着现代的医学者为什么至今还不曾发明说一种治癌症的医方，我怨着为什么没有一个医生能够设法治愈了他的这个绝症。

我祷求着，但愿有一个神迹出现，能使这个祖国的斗士转危为安。

隔了十多天没有什么消息。我没有能再去探望他，恐怕由我身上带给他麻烦。

有一天，那位朋友又来了，说道："韬奋昨天晚上已经故世了！今天下午在上海殡仪馆大殓。"

我震动了一下，好几秒钟说不出一句话来。

我低了头，默默地为他致哀。

固然我晓得他要死，然而我感觉他不会死，不应该死。

他为了祖国，用尽了力量，要活下去，然而他那绝症却不容许多活若干时候。

他是那样的不甘心的死去！

我从来没有看见像他那样的和死神搏斗得那么厉害的人。医生们断定了一两星期死去的人，然而他却继续地活了半年。直到最后，他还想活着，还想活着为祖国而工作！

这是何等的勇气，何等的毅力！忍受着半年的为人类所不能忍受的苦，夜以继日地忍受着，呻吟着，只希望赶快愈好，只愿着有一天能够愈好，能够为祖国做事。

然而他斗不过死神！抱着无穷的遗憾而死去！

他仍用他的假名入殓，用他的假名下葬，生怕敌人们的觉察。后来，韬奋死的消息，辗转地从内地传出；却始终只有极少数的人知道他是死在上海的。敌人们努力地追寻着邹韬奋的线索，不问生的或死的，然而他们在这里却失败了！他们的爪牙永远伸不进爱国者们的门缝里去！他们始终迷惘着邹韬奋的生死和所在地的问题。

到了今天，我们可以成群地携着鲜花到韬奋墓地上凭吊了！凭吊着这位至死还不甘就死的爱祖国的斗士！

那一刻·读你的清纯如水

与你共品
yu ni gong pin

郑振铎(1898年—1958年),中国现代杰出的爱国主义者和社会活动家、作家、诗人、学者、文学评论家、文学史家、翻译家、艺术史家。他一生坚持革命的现实主义文学理论,强调文学在社会改革中的功能,提倡文学为人民服务。在文学研究方面,提倡和从事中外古今文学综合的比较研究,特别重视民间文学和小说、戏剧的资料收集和研究,他的很多研究都属于文学领域里开拓性的工作。

个性独悟
ge xing du wu

★文中周韬奋改换名字、身份,并不断更换医院的原因是什么?

★文中"不是为了自己,而是为了真理",表达了周韬奋怎样的爱国情感?

★文中有一段关于窗外景色的描写:"窗外是一片灰色的光,一个阴天,……"这样的景色描写,起到了什么作用?

快乐阅读
kuai le yue du

暗香/···皓月

突然,觉得办公室内流动着一股熟悉的香味,很熟悉,却一时想不起来是什么香味。开始,还以为是某个同事身上的香水味,可一个个挨着猛嗅了一番,却都不是。这时,有人提醒:"是桂花香吧?"

我才恍然醒悟,这确实是桂花香啊!于是,赶到室外,走到立在人行道旁的桂树旁。果然,一股浓烈的幽香沁人心脾,激荡魂魄。再仔细瞧去,在那密密的树叶后面,那些米粒大小的嫩黄的花儿正如天空的星星闪烁,却又十分静谧,毫无张扬之意。

瞧着瞧着,我的眼睛就湿润了。这些惹人怜爱的小东西,竟在暗暗地飘香,飘香了还像什么都没发生似的,静静地立在枝头,等着悄悄地凋零。我们如不仔细瞧,还不知道它们已经到过这个世界,已经香过这个世界。这时,我的思绪触到一个最温柔的记忆,那是上中学时一个同学讲的故事。

当时,这个同学家里很穷,为了省电,他每天晚自习后11点钟才回家,学校的大门也在他走后一段时间才缓缓地关上。他一直以为大门是要到那个时候才关的,因此春夏秋冬,他天天如此,从不觉得有什么不妥。直到有一天,他被锁在校园内过了一夜,他才知道学校大门是10点钟就关的,而原来关门的李大爷生病住院了。直到那时他才明白,老大爷一直在默默地为他开着方便之门。当他流着泪买了一大堆礼品去看望老大爷时,老大爷已经去世了……

听完这个故事,我们许多人的眼睛都湿润了,为了那个默默行善的老人。我们的心湿漉漉的,因为在那一刻,我们才醒悟,其实我们每个人身旁都有那个开门的老人,为我们开着方便之门,他们就像这小小的嫩黄的桂花,悄悄地释放幽香,然后悄悄地凋零。

他们不张扬,是因为他们的生活本来就如此啊!

与你共品
yu ni gong pin

　　这篇文章以桂花的暗香作为象征体,以校园关门老人的品格为本体,热情讴歌了从不张扬、默默地无私为他人提供着方便的宝贵品格。他们不图名,从不张扬;他们不图利,无私地默默奉献着。他们活一生,为他人贡献了一生,也许从来就没有人知道他们所做的一切,而他们无怨无悔,泰然地走完了他们平淡的一生。

　　在我们每个人的身边,都有无数个散发着暗香的人,正是这众多的暗香,才使得生活如此芳馨,但愿我们的身边这暗香越发浓郁,愿我们每个人都能散发这醉人的芳香。

个性独悟
ge xing du wu

　　★阅读全文,你觉得"暗香"有什么象征意义?

　　★文章开头写"熟悉的香味",却又"一时想不起来",有什么用意?文章是怎样描写桂花的开放"毫无张扬之意"的?第三自然段写"我的眼睛湿润了","我"为什么热泪盈眶?

　　★文章结尾一句"他们不张扬,是因为他们的生活本来就如此啊",句中"如此"指的是什么?

　　★文章中所写的"桂花"与开方便之门的老人有什么相似点?

那一刻,读你的清纯如水

作文链接
zuo wen lian jie

走近她 / · · · 夏雯洁

每次看到她,都像读一本书,听一张唱片……

她有着一种淡淡的美,时而沉静,时而忧郁,时而莞尔,时而蕴藉。

初相见,就被她吸引;从此,我就一直用少女的敏感关注着她。

最喜欢她读书的样子:垂眉敛目、屏气凝神、若有所思……读完之后,她会停下几分钟,尔后,把极温柔的目光投向每一个人,春风化雨般的声音徐徐响起:"同学们,说说你们的感受。"至亲至切的称呼,把彼此的心拉得很近。

在她领我们读的书里,我们品味到了"独上高楼""衣带渐宽""蓦然回首"的境界;感悟出"登东皋以舒啸,临清流而赋诗"的和谐;体验了"苍苍竹林寺,杳杳钟声晚"的悠远。她用读书引导我们做人。

我喜欢她,喜欢她待我们的方式。她从不在讲台上大声地责骂我们(她知道,我们不喜欢"河东吼狮")。她常用那种极含蓄、极委婉的语言和我们交流。

她给抄作业的孩子讲"黄粱一梦"与"江郎才尽"。她说:"黄粱梦虽美,但只有借道人的'枕头'才能得到;江郎的诗句虽佳,也只是靠'五色笔'才能写出。枕上美梦总有醒来的时候,五色神笔终必交还;不凭真本领获得的,不能称之为成功,也不可能永远拥有。"

她对早恋的女孩子说:"女人的一生好比一朵花,你们的年龄正是打花骨朵的时候,如果蓄积不够,底蕴不足,那么绽放的时候又怎能有灿烂的容颜和袭人的幽香呢?"

我们和她就这样在如花的日子里,心与心找到了契合点。我时常翻着厚重的词典,在里头寻找着能够形容她的词。"醇美"——真好!我们心目中的她就是这样,她是我们心中的太阳。

当这散发出"醇美"光芒的太阳站在讲台上时,我们的智慧的花儿便徐徐绽开了,折射出熠熠的光辉。

【简　评】
lian　ping

　　这篇写人散文,语言清新、优雅;叙事、抒情兼美,而且两者结合得很好,简直如水乳相融;叫人读了倍感亲切、温馨,一个可亲、可敬的恩师形象跃然纸上。

埋在树下的笔 / · · · 成春雨

　　许老师总喜欢这么说:"注意,请同学们看着我的眼睛。"
　　真的,她有一双非常明亮的眼睛:眼白发蓝,眼珠很黑,清澈得像两个小水潭。同学们所有的心事,哪怕最隐秘的,也瞒不过她。
　　"许老师是福尔摩斯。"大家都这么说。
　　我对此也深信不疑,但还是想探究许老师到底有多大本领。
　　机会来了。
　　一天,下课时许老师被同学们团团围住。同学们每天都有那么多问题,问东问西,不肯放老师走。我看到老师的笔还放在讲台上,没有来得及收起来。
　　我慢慢地蹭过去,装作倾听的样子,慢慢伸出手,一把把笔抓在手里。
　　"成春雨,"背着我的许老师以迅雷不及掩耳之势转过身,"你怎么啦?"
　　我吓了一大跳,差点把笔给甩了出去。
　　"你是不是病了,怎么喘气这么粗?"许老师关切地望着我,伸出手来摸了摸我的脑门。
　　"没……没什么。"我红着脸,极力控制住自己,尽量把呼吸放平稳些。趁老师刚回头,我冲出教室。被一阵风吹一下,我才感到自己出了身冷汗。
　　我把笔深深地埋入教学楼后面的那棵大梧桐树下——我倒要看许老师怎样把这支笔找出来。我靠着树,叮嘱自己:"一定要沉住气,不能让老师看出来。"
　　许老师会采用什么办法呢?我想呀想呀,怎么也想不出来。会不会叫警犬来？我激动地想，警犬来了，那就太来劲了！

我只在书上、电视上看到过警犬，真的一只也没有见过。

然而，第一天，老师没有一点儿表示；第二天，老师也没有什么异样；第三天，老师那沉着的样子，把我弄得坐立不安。

又过了几天，老师把疑惑的目光投向了我："你这孩子，怎么啦！这几天，怎么神情显得紧张？"

放学后，老师留住了我："成春雨，你有什么事需要我帮忙吗？"我的心快乐地跳起来，久盼的时刻到来了。"这件事一定很叫你为难吧？"我把头一歪，狡黠地眨了眨眼。

许老师很纳闷。从神态上，老师似乎看出我像在搞什么有趣的游戏，于是，说道："看来，我要先猜一猜了。""好吧！""你一定等不及了，如果我没说错的话。你现在一定会把事情统统告诉我。"

"对，一点都没错。"我快乐地叫道，"我早知道，你一切都知道了；你不动手找，是因为你知道是我干的，你等我说。好，你等着！"

我一阵风似的跑着走了，一会儿又回来了。"给！""笔？"

这是一支普通的笔，笔上还有土，笔帽还生了锈。

"你从哪儿捡的？""不是捡的，是我藏的。""藏的？为什么要藏，藏了谁的？"我忍俊不禁地笑了，老师还在逗自己。"这是您的呀！"我心甘情愿说出来，许老师却莫名其妙。"我的？"许老师把笔举在眼前，又拧开笔帽看了看，"哎呀，真是我的。我一直以为它在抽屉里，你怎么把它藏起来了呢？""什么？"这下，我大吃一惊，闹了半天，老师还没发现自己丢了笔。

这时，迎面走来一个背着手的女孩子："老师，我妈妈出差回来了。"

"是吗，"许老师笑眯眯地说，"她一定给你带来了一本《三国演义》的连环画。现在，你把它藏在背后。""许老师，你真聪明！"小女孩高高地举起手，手里果真有一本厚厚的连环画。

女孩子探过头来，悄悄地对我说："多神呀，许老师比福尔摩斯本领大多了！"我使劲吸了一下鼻子，这个问题嘛，我觉得好像不大好回答。

【简 评】
Jian ping

　　文章构思新奇、精巧，语言清新、纯真，行文自然、酣畅。开篇简单、平实，结尾含蓄、隽永。作者成功地塑造了一个把精力和心思都倾注在对学生的成长教育上的教师的形象。孩子们的一言一行、一举一动，乃至心中的一丝隐秘，都逃不过她的眼睛，以至于学生们视她为"福尔摩斯"；也正由此引起了"我"的好奇，才有了"埋笔"这个有趣的故事。

关怀／···佚 名

　　窗外，雨沙沙地下着，冲刷着梧桐，冲刷着大地。我静静地站在画展室前，长时间凝望着橱窗上的一幅画———一位老师撑着伞，和一名学生并肩走在路上，老师的右臂被雨水打湿了。看着看着，仿佛面前这位老师就是我们的班主任王老师。

　　王老师个头不高，貌不惊人，但他在我们眼中是高大的，他对我们无微不至的关怀，至今还深深印在我的脑海里。记得一次我们班王华同学不慎从自行车上摔下来，摔折了胳膊，打上了一层厚厚的石膏。严冬来临，王华的胳膊冻得发麻，冰凉冰凉的，每当这时，王老师便伸出温暖的双手，慢慢地给他暖和过来。

　　更使我难忘的是那次雨天放学。记得那天中午，我们上学的时候天还是很晴的，可是到了下午即将放学的时候，却下起了瓢泼大雨，本来就很难走的路，这时就更加难走了。天渐渐黑下来了，学生的家长们陆续地把自家的孩子接走了，最后就剩下我们几个。正当我们急得不知怎么好的时候，只见王老师打着伞走来了，近了，才看见他手中还拿着几把伞。他对我们说："你们几个打着这伞回家吧。小涛，我送你回家。"接着又说："你的脚扭伤了，自己不能下水，我背你。"说着，他弯下腰不由分说，便把我背了起来。这时，好像有一团棉花似的东西涌上了我的喉头，泪水直在眼眶里打转。我什么也说不出来，也不想说什么，心里只有一个念头："雨啊，请不要这样急，别打湿我敬爱的老师的衣裳；路啊，请不要这般滑,莫把老师摔倒。"

　　窗外的雨仍沙沙地下着,冲刷着梧桐,冲刷着大地,却冲刷不掉我这段美好的回忆。

【简　评】

　　文章貌似平淡,却耐人回味。

　　全文主要写两件"小事":一是老师在冬天为胳膊打着石膏穿不上衣服的同学暖手,一是大雨中送同学回家。看来是小事,老师也没有什么动人的话语,但平易中让人感到可亲,于细微处可见精神,让人感受到老师那颗金子般的心。作者巧妙地把这两件事放在"窗外,雨沙沙地下着,……"这样的氛围中追忆。环境渲染了气氛,气氛蕴含着打动人心的真情,这样的首尾照应实在是颇具匠心的,它在往复回环中凸现了主题。

色

情谊卷

在荷叶里的月光

只要我心中宽容有爱，便会有无数的月光包在荷叶里，可以送出去。

好的围棋要慢慢地下，好的生活历程要细细品味，

不要着急把棋盘下满，也不要匆忙的走人生之路。

能感受山之美的人不一定要住在山中，

能体会水之媚的人不一定要住在水旁，

能欣赏象牙球的人不一定要手握象牙球，

只要心中有山有水有象牙球也就够了，

因为最美的事物永远是在心中，

不是在眼里。

快乐阅读
kuai le yue du

情是根 / ···舒 乙

年轻记者问我一个问题：

哪个更重——事业?还是情?包括乡情、友情、亲情、爱情。

我说:这是两码事,都重,并不矛盾。

我举了两个例子:

一次,去见季羡林先生。他说他写过一篇小文章,是怀念老舍先生的,里面有一个小故事。有一回他们偶然在"四联理发店"相遇,点点头,打了招呼,各自坐在椅子上让师傅替他们理发刮脸。完了事,老舍先生先走了。等季先生到柜台上付款时,收款员悄悄地对他说:刚才那位老先生已经替你付了。季先生大为感动。他觉得这是一份情谊。什么都不说,只是很小的一个动作,却给了你很大的温暖。在你想不到的地方,有人关心着你,替你做了,什么也不为,没有任何功利。多好。

这便是情,重重的情,浓浓的情。让人能记一辈子。

还有一例:

老舍先生自杀身亡前几小时曾问过夫人:家里有多少钱?

他平时在家里从不管钱,对钱财心中完全无数。

可是,他干吗在这种时候关心这件事呢?

他接着问:够孩子们养家糊口吗?

当时, 除了小妹妹还在北大念技术物理之外, 三个大孩子都已工作多年了,经济独立,从来没有向家里要过钱。这是一个不成问题的问题。

他脑子里怎么会冒出这么个问题来?在最要命的时候!

完全是一种亲情在起作用。一个父亲,一个有责任心的父亲,一个有点儿老派的一家之长,在庄严地悲凉地主动地结束自己生命的前夕,占据他脑海的大事,是自己孩子的未来,而且想得很单纯,很直截了当,很实在:叫他们别饿着,别凉着。这就是生命的延续。他不能再为他们做任何事了,只能留下一点儿钱吧,或许,还会有点儿用。

还有多少钱呢?所以,他要问。

这是一个简单得不能再简单的故事,可是,想起来,便会黯然泪下,心情久久不能平静。

人们各自从事的事业只能占去他们的部分时间,但肯定不是全部时间,在其余的时间里,情便是主角了。

是情支撑着人的世界,让他活着,让他去干事业,让他去爱这个世界。

我时刻感到情的沉甸甸和不可或缺。

情是根,我想;既然离不了,便要珍惜。

而且,说到情,它的纯情,它的质朴,它的可贵,就在于只讲付与,只讲给,完全没有功利,不求回报。

与你共品

舒乙,老舍先生的儿子,中国文学研究会会长,中国现代文学馆馆长。

这是一篇感人至深的散文。文章围绕亲情展开,是对亲情与友情的热情讴歌。

文章由答记者问写起,直入中心,直截了当地表明了作者对情与事业的关系的看法。然后以老舍先生的两个事例,具体说明了什么是真正令人感动的友情,什么是令人泪下的亲情。

★文章认为"事业"与"情"究竟是什么关系呢?

★老舍先生为朋友付了理发钱这样一件小事,为什么会让季先生如此感动呢?

★作者为什么说情是"沉甸甸的"?应该怎样理解"情是根"?

快乐阅读
kuai le yue du

要有点儿人情味 / ···王晓青

"无情未必真豪杰",鲁迅如是说。这是几十年前的箴言,流传至今而不被磨灭,定有可取之处。世纪末忙碌的生活节奏,常使人情变得淡漠,而淡漠之后,人们却不禁想起那份最古朴的感情——呼唤着"人情味"的归来。

科技革命一次一次地把人类推向文明。不可否认,现代而进步的机器电子文明使我们的生活愈加地舒适与便捷。有了电脑,不出家门而知天下事已不是神话。但与此同时,我们也失去了一次又一次的和他人交流沟通的机会。有了E-mail,有了特快专递,有了可视电话,世上已不复飞鸿与尺素的浪漫和温馨,人与人之间的距离一步步扩大,扩大到已不是"一米线"礼貌的范畴。诚然,朱光潜先生告诉我们:距离产生美感。但,太过遥远,一切都不在视线内,一片空茫,何来美感?幢幢摩天大楼拔地而起,新式公寓的封闭性,给芸芸众生划定的范围,看似宽大舒适,其实,却失去了许多与旁人交流的机会,天天与邻居擦肩而过,却不知互相姓名,乃至当遭遇灾难如失窃、失火却因相互陌生而置若罔闻。人情淡漠至此,这些所谓的"家"不过是新一代的"鸽子笼",不似四合院的温情,不如弄堂的亲切。

人,生来需要友谊,需要关怀,需要慰藉,需要交流,需要宣泄。物质文明并不代表一切。德莱塞的《欲望三部曲》早就揭示了人情淡漠与物欲横流的美国社会渐渐湮灭的过程。甚至 19 世纪的巴尔扎克,也替我们描摹出一幅金钱维系一切人际关系的画面。我无法想象,我们真的会存活于艾略特笔下的《荒原》,也不想成为加缪笔下的《局外人》。一切的人都带着面具:领导严肃,下级恭敬,邻居不亲,兄弟不友,朋友无谊……难道,真的让我忘记你的脸,只因人情好似云烟?幸好,现实还存一些温情。欧·亨利的《最后一片树叶》告诉了我们什么叫相濡以沫,而一个个文明小区的涌现,希望工程的浩大影响,以及中华骨髓库的建立……这一切,预示着"人情味"的回归。

并不是只有田园阡陌、男耕女织才是人情的表现,现代的城市,虽然是由钢筋水泥堆筑成的,但只要人人都献出一点爱,那么,人情就离我们不再遥远。

与你共品
yu ni gong pin

全文围绕"要有点儿人情味"这一中心论点进行论述,呼唤古朴的"人情味",探讨"人情味"冷漠甚至泯灭的原因,感受"人情味"的回归。从而得出结论:只要人人都献出一点儿爱,那么,人情就离我们不再遥远。

个性独悟
ge xing du wu

★文章引用朱光潜先生的"距离产生美感"是从哪些角度来论证的?

★文章第四自然段事实论据的作用是什么?

★体会下列句子的含义:

(1)这些所谓的"家"不过是新一代的"鸽子笼"。

(2)距离产生美感。

一句仁义的谎话 / · · · 佚 名

1848 年，美国南部一个安静的小镇上，刺耳的枪声划破了午后的沉寂。他是刚入警局不久的年轻助手，随警长匆匆出动。

一位年轻人被发现倒在地板上，身下一摊血迹，右手已无力地松开，手枪滚落在地。身边的遗书笔迹凌乱，而他钟爱的女子在昨天与另一个男人走上了教堂。

死者的六位亲友都呆呆地伫立着，他禁不住向他们投去同情的一瞥。知道他们的哀伤与绝望，不仅因为一个生命的陨落，还因为对于基督教徒来说，自杀便是在上帝面前犯了罪，他的灵魂从此将在地狱受烈焰焚烧。而风气保守的小镇居民会视他们全家为异教徒，从此不会有好人家的男孩子约会女儿们，也不会有良家女子肯接受他们儿子们的戒指与玫瑰。

这时，一直沉默着紧锁双眉的警长突然开了口："不，这是谋杀。"他弯下腰，在死者身上摸索许久，忽然转过头来，用威严的语调问："你们有谁看见他的银挂表了吗？"

那块银挂表，镇上的每个人都认得，是那女子送给年轻人唯一的信物。每个人都记得他是如何 5 分钟便拿出来看一次时间，而阳光下挂表闪闪发光，仿佛一颗银色的、温柔的心。

所有的人都在忙乱地否认。警长严肃地站起身："如果你们都没看到，那就一定是凶手拿走了，这是典型的谋财害命。"

死者的亲人号啕大哭起来，仿佛那根压垮骆驼的稻草自他们身上取下了，而邻居们也开始上门表达他们的慰问和吊唁。警长充满信心地宣布："只要找到银挂表就可以找到凶手了。"

门外，阳光如蜜汁，风似薄荷酒，大草原上 5 月滚动的长草像燃烧着的绿色波浪。他对警长的明察秋毫钦佩到无以复加的程度，他问："我们该从哪里找起呢？"

警长的嘴角多了一抹偷偷的笑意，伸手慢慢地从口袋里掏出一块表。

他忍不住叫出声："难道是……"

那一刻，谈你的清纯如水

警长看着周围广阔的草原，微笑点头："幸好任何人都知道，大草原上要寻找一个凶手和寻找一株毒草是一样困难的。"

"他明明是自杀，你为什么却要说是谋杀呢？你让他的家人更加难过了。"

"但是他们不用担心他灵魂的去处，而他们在哭泣过后，还可以像任何一个好基督徒一样清清白白地生活了。"

"可是偷盗、说谎一样是违背忠诚呀。"

警长锐利的眼睛盯牢他："年轻人，请相信我，六个人的一生，比摩西忠诚的七十倍的七倍还要重。而一句因为仁爱而说的谎，连上帝也会装着没听见。"

那是他遇到的第一桩案子，也是他一生中最重要的一课。

与你共品
yu ni gong pin

一个人的一生不能保证永远不撒谎，在这篇文章里，警长的说谎和忠诚是不矛盾的。他的仁爱之心使得"上帝也会装着没听见"。相信所有看到这个故事的你们会理解甚至赞美警长的谎言。

警长出于仁爱的谎言使得死者的六个亲友的一生得以改变。我相信，那个年轻的助手的一生也将改变了，他一定知道善良的力量有时是大于一切的。

个性独悟
ge xing du wu

★文中"仿佛那根压垮骆驼的稻草自他们身上取下了"，这句话中的"稻草"指什么？这里用的是什么修辞方法？

★用自己的话说说为什么"一句因为仁爱而说的谎，连上帝也会装着没听见"？

★你从这个故事中得到什么启发？

包在荷叶里的月光 /···榛 生

　　毕业了，一切似乎都回归到平淡的最初，我仍是那个平凡家庭里的一双工人父母的女儿，没有显赫的背景，没有辉煌的家世，甚至也不够漂亮。大学里那个争强好胜的女生不见了，取而代之的是大公司一个低眉顺眼的小白领，一个失去自信与个性，渐渐变得迟钝自卑的女孩。

　　公司里人员复杂，关系暧昧，说不定什么时候，随口说出的一句话，就得罪了人。因着这点，我在上班的时候，常常不说一句话，然后，就有人说我假清高。不知怎么，我仿佛是一个异类，来到这里，只是一味的要受众人的歧视和委屈。

　　那一天，我心情不错，穿了一件新衣服去上班，这件衣服，是我花了半个月的工资才买到的——我不是不要强的，别人都是几百上千元的衣服披挂上身，而我从上班开始，还一直穿着大学实习时的几套旧衣服。可能是我的寒酸外表让他们看不起吧，这样想时，我便狠狠心去买了一套职业装。

　　穿到公司里，却是出乎意料地难堪。同事们来到我旁边，很惊讶地问："你换了新衣服？"好像我穿旧衣服是天经地义的一样。还有人问我花了多少钱，我如实回答："550元。"她便说："上当了上当了，你这件，顶多几十块钱。是不是地下商场里买的？"当我说这件衣服是江汉路某间专卖店里的新款时，对方又撇嘴，说："现在的女孩子呀，就是不能和我那会儿比，我刚参加工作时，哪有这么多钱打扮自己呀——现在的女孩子挣钱就是容易！"我没有说什么，只是冷冷一笑。然后走到卫生间里，我望着镜中的自己：年轻的女孩子，穿着硬挺的新衣，脸上挂上一个悲愤的表情，脸气得一阵红一阵白，仿佛圣诞节的小丑，看上去十分滑稽。没有人肯给我一个微笑，一句赞美。或许，像我这样一个刚刚参加工作，没有什么背景的小文员，是没有资格得到那些的。我流下泪来，开始认真地考虑是不是应该离开这个没有人情味的地方。

就在那个上午，我打定主意了。我走到外面去，做了一件平时上班想都不敢想的事情——逛街。反正我也不想干了。那么就让我做一点儿自己喜欢的事情吧。我在附近的麦当劳吃了我早上还来不及吃的早餐，又来到书店去看看有没有自己喜欢的书。我走出来时，看到书店旁边新开了一个报刊亭，平时我最爱看书报杂志了，就走过去。

崭新的玻璃窗，挂着全新的彩色封面的各种杂志，它们热烈地欢迎着我，虽然那里面的老板已经被众多的杂志挡住了脸。

我要一本画刊，一张报纸，付钱的时候，我听到老板说："嘿，你长得可真像这个封面女郎！"我吃惊不小，冷冷地说："您少胡说了，我怎么会像人家呢？"老板却认真地说："你们的气质很相似。"我慢慢走开了，再看那封面女郎，她是大明星梁咏琪，我知道我根本没法和她的美貌比，但是，我想起了老板说的气质之类的话，心里不由得一阵自得，也许，我真的还不算太平凡吧。我心里很感激有这个人这样说我，使我马上有信心带着这句赞美回到了公司。我觉得这世上有一个人欣赏我就应该有向上的动力，虽然那个人只是一个不相干的报刊亭老板。

此后，我常常去那里买杂志，老板的嘴跟抹了蜜似的，看到我就说："你今天真漂亮！"我便高高兴兴地买了杂志去上班。因为常常把这些杂志送给同事们看，她们和我也渐渐熟悉了，我们常在午休时一起看杂志，品评上面的文章和人物，我才发现，原来任何人都有可爱的一面，只是我太在乎自己的感受，不曾发觉——而这种感觉是相互的，她们也开始喜欢我了。

我每个星期都会去老板那儿买新的杂志和报纸。那天，我又去了，这次，我常常买的那本杂志已经只剩下挂在外面的一本了。于是老板走出了他的小亭子，给我摘那本杂志，这时，我才发现，嘴甜似蜜、和蔼可亲的老板，原来竟是一个盲人！

我说："老板，您——"他笑了："看出来了吧。我是个瞎老头！"

"我不骗你怎么能做好生意呢？告诉你吧，我用这个方法可是拉了好多老客户呢。但是呢，小姑娘，你也别生我的气，从你的声音听起来，我知道你是一个可爱的人，你一定会成功的，会幸福的。"

我说："大爷，您看不见我，怎么这样说呢。我没准就是一个坏人，趁你看不见，偷走你的杂志。""我才不信呐。我瞎了很多年了，但是没有哪个人欺侮过我——反正欺侮我我也看不见，就当没欺侮我好了！我告诉你呀，我5岁以前都看得到东西，那时我家住在附近的小村子里，夏天的时候，荷塘里开满了荷花,怕人把花糟踏了,我们全家就在晚上出来看着,有时候,月亮照在荷叶上,真是很漂亮的啊。

"后来,我再也没有看见东西,但是我常常想着我现在就在荷花塘旁边,我还可以把那些叶子上的月亮打包送给你呢!"

老板笑得开心极了,我付了钱,慢慢走回公司,心里很是感慨。

是的,我也愿意,把我看见的月亮打包给每一个人——只要我心中宽容有爱,便会有无数的月光包在荷叶里,可以送出去。我相信,那美丽的光芒不仅照亮我的前程,也将照亮每个人的心。

与你共品
yu ni gong pin

包在荷叶里的月光,漂亮迷人。送包在荷叶里的月光的人美丽、善良、宽容、仁爱。本篇具有强烈的抒情意味,同时又给我们很深的启示:人与人之间的交往应该互谅互爱。

个性独悟
ge xing du wu

★为什么身着新装的作者满怀欣喜地来到公司却换来了一脸的悲愤?她的一心沮丧是如何开始有所改变的?

★文中的"我"和公司同事之间的关系走向融洽的契机是什么?由此,你得到一个什么启示?

★作为21世纪的一代新人,我们必须具备的素质之一就是要学会"与人共处",这篇文章在这方面能为你提供什么帮助?

★报刊亭的老板是一个什么样的人?说他对"我"的人生指点迷津是否有点过分?谈谈你的见解。

★你能用一段富有哲理的话来诠释文章标题蕴含的深意和道理吗?

快乐阅读
kuai le yue du

高贵的施舍 / ···杨汉光

一个乞丐来到我家门口,向母亲乞讨。这个乞丐很可怜,他的右手连同整条手臂断掉了,空空的袖子晃荡着,让人看了很难受。我以为母亲一定会慷慨施舍的, 可是母亲却指着门前一堆砖对乞丐说:"你帮我把这堆砖搬到屋后去吧。"

乞丐生气地说:"我只有一只手,你还忍心叫我搬砖。不愿给就不给,何必刁难我?"

母亲不生气,俯身搬起砖来。她故意只用一只手搬,搬了一趟才说:"你看,一只手也能干活。我能干,你为什么不能干呢?"

乞丐怔住了,他用异样的眼光看着母亲,尖突的喉结像一枚橄榄上下滑动两下,终于俯下身子,用他唯一的一只手搬起砖来,一次只能搬两块。他整整搬了两个小时,才把砖搬完,累得气喘如牛,脸上有很多灰尘,几绺乱发被汗水濡湿了,斜贴在额头上。

母亲递给乞丐一条雪白的毛巾。

……乞丐接过去,很仔细地把脸面和脖子擦了一遍,白毛巾就成了黑毛巾。

母亲又递给乞丐20元钱。乞丐用手接过钱,很感激地说:"谢谢你。"

母亲说:"你不用谢我,这是你自己凭力气挣的工钱。"

乞丐说:"我一辈子都不会忘记你的。"对母亲深深地鞠一躬,就上路了。

过了很多天,又有一个乞丐来到我们家,向母亲乞讨。母亲让乞丐把屋后的砖从屋后搬到屋前,照样给他20元钱。

我不解地问母亲:"上次你叫那个乞丐把砖从屋前搬到屋后,这次你又叫乞丐把砖从屋后搬到屋前。你到底想把砖放在屋后,还是放在屋前?"

母亲说:"这堆砖放在屋前和屋后都一样。"

我嘟着嘴说:"那就不要搬了。"

母亲摸摸我的头说:"对乞丐来说,搬砖和不搬砖可就大不相同了。"

此后还来过几个乞丐,我家那堆砖就被屋前屋后地搬来搬去。

几年后,有个很体面的人来到我家。他西装革履,气度不凡,跟电视上那些大老板一模一样。美中不足的是,这个老板只有一只左手,右边是一条空空的衣袖,一荡一荡的。

老板用一只独手握住母亲的手,俯下身说:"如果没有你,我现在还是个乞丐;因为你当年教我搬砖,今天我才能成为一家公司的董事长。"

母亲说:"这是你自己干出来的。"

独臂的董事长要把母亲连同我们一家人迁到城里去住,做城市人,过好日子。

母亲说:"我们不能接受你的照顾。"

"为什么?"

"因为我们一家人个个都有两只手。"

董事长坚持说:"我已经替你们买好房子了。"

母亲笑一笑说:"那你就把房子送给连一只手都没有的人吧。"

与你共品
yu ni gong pin

对于乞讨的人,"母亲"以自己独特的方式来施舍他们。"母亲"施舍的是什么呢?她平等地对待每一位乞讨者,并希望他们能以正确的态度来对待生活。

个性独悟
ge xing du wu

★文题为什么用"高贵"修饰"施舍"?

★前后有几个乞丐来过"我家",为什么作者详写这个独臂乞丐?本文如果只写这一个乞丐好像也能说明问题。为什么还写后几个?

★怎样理解"对乞丐来说,搬砖和不搬砖可就大不相同了"?

★你认为"母亲"是个怎样的人?

快乐阅读
kuai le yue du

生活原本是洁白的 / ···孔 明

　　这是我听来的故事,很美。

　　上世纪 60 年代的一个冬天,天下着雪,一位逃难到深山的作家迷了路。夜幕降临,四望白色茫茫,作家又渴又饿又冷,又听见狼嚎。他怕得要命,隐隐约约看见远方有房子,就不顾一切奔过去,急叩门环,里面没有声息。他只得哀叫:"有人吗?有人吗?"回应他的依然是狼嚎,而且显然声音在逼近。他绝望了,但他依然哀叫:"有人吗? 有人吗?"他几乎就要倒地的时候,门开了。他一个趔趄闪进去,门立即又关上了。屋里漆黑一团,伸手不见五指。仍然能听见狼嚎,但他不怕了。这时候,渴、饿、冷、累、瞌睡,都开始折磨他。他忍着,主人不吱声,他决心也不吱声。渐渐地,他看清了一个人影在晃动。眼前忽地出现了火苗,微弱的光使那个人影变得清晰,脸显然被黑布包裹着。他看见火在跟前燃烧起来,一碗热水也放到了他跟前。他立即端起碗,两手抱着。热热的水,味道真甜美呀! 肚子暖和了,又闻见土豆烤熟了的香味。他从火灰里刨出一个土豆,连皮带灰囫囵着吃掉了。接连吃了十多个。吃饱了肚子,感觉好极了。那人影已经上炕躺下了。他想:"十之八九是个古怪的老头吧? 这么冷的天,应该不反对我睡炕上。"顺势上了炕。炕上真暖和呀,却睡不着,狼还在嚎叫。他看见了露在被子外的脚。蒙眬入睡的时候,他觉得那是女人的脚,可是她睡着了。醒来,天已大白。翻身坐起,窥视纸糊的窗外,洋洋洒洒的飞雪里,竟然立着一个妇人。一身黑的粗布衣服,掩盖不了美的身姿。她正用雪擦脸,脸蛋立即红润了,那脸的确好看。她把洁白的雪往簸箕上掬,然后端起来。妇人走回屋时,作家立即倒下装睡。眯缝着眼看见妇人把一簸箕雪倒进锅里。奇怪的是她烧火的时候,给自己脸上又抹了把灰。作家下了炕,向妇人鞠了一躬,便朝门外走。那妇人撵过来话:"雪封山了! "妇人的声音非常甜润。他说:"谢谢! "心里头却想:"我没有打算走呀! "照着妇人刚才的动作,用雪"洗"了把脸。回屋看妇人忙活,妇人问:"会不会劈柴!"他就劈柴,妇人不说话,他也不说话。他知道自己是个身强力壮、血气方刚的男人,对一个山村独居的年轻漂亮的妇人而言,像昨夜嚎叫不去的狼,很危险。好在他的为人他心里有底儿,所以一直坦然。共住了七天,妇人吃土豆,他吃土豆;妇人做活儿,他也做活儿;妇人睡觉,他跟着睡觉。睡一个炕,不能说他纯洁得没有胡思乱想过。他事后说:"还好,我挺了过来!"七天后,妇人的丈夫回来了。原来他出山换粮,被雪阻在了山外。他没有任何不满的表示,反而让媳妇做了碗面,炒了盘土豆,给作家送行。妇人向作家道歉说:"那晚我迟迟不敢开门,我怕又遇见坏人!"妇人的丈夫补充说:"两年前,我不在家,我媳妇接纳了一个投宿的人,结果……"作家抬起头,盯着妇人说:"你的脸不抹灰更美呀!"妇人立即跑出去,用雪"洗"白了脸。作家心想:用雪"洗脸",不一样就是不一样。就把自己手腕上的表给了妇人的丈夫。那年那月,对普通人来说,有一块手表已经很阔了。作家走时,那一对夫妇送了他很远。作家忽然有了冲动,很想把妇人拥抱一下。他当然没有。等看不见那对夫妇了,作家拥抱了路边一棵银装素裹的白杨树。四望,冰天雪地的深山真白、真美呀!

人与人之间,本来应该如此呀!生活原本是洁白的,只可惜我们有些人没有好好把握自己,把本来洁白的生活给弄脏了。

与你共品
yu ni gong pin

我们都知道东郭先生与狼的故事,并且也知道这个故事的用意就是告诫人们不要同情狼。但人中的狼你怎么能一下子就认出来呢?这位美丽的少妇虽然被"狼"伤害过一次,在另一个陌生人面临生命危险的时候,"她"还是打开了门,哪怕这次放进来的仍就有可能是一匹"狼"。

那一刻，读你的清纯如水

个性独悟
ge xing du wu

　　★作者说他所讲述的这个听来的故事很美，你认为"美"在哪里？

　　★故事的开篇渲染了紧张得令人提心吊胆的气氛，具体表现在哪几方面？

　　★"狼嚎"之声描写，伴随情节的发展多次出现，在文中起到怎样的作用？

　　★"作家忽然有了冲动，很想把妇人拥抱一下。""作家拥抱了路边一棵银装素裹的白杨树。"你对这一情节作何感想？

快乐阅读
kuai le yue du

卖针老人 ／　···　[保加利亚] 格·库兹莫夫

　　他卖针。针，这可能是最轻的，但又是最难卖的商品。

　　凡是做这类生意的，生活准是有什么难处，但这个卖针老人，却没遇到什么不顺心的事，只是他必须这样，道理很简单，那就是得活着，仅此而已。

　　他把两个儿子都抚养大了，一个成了工程师，另一个是汽车司机。过去，他打算要教会儿子们的只是一点，那就是要懂得爱别人、信任别人，其余的一切孩子们自己会……后来他明白了，可以用强力从别人身上索取，但是无法用强力给人以教诲。

两个儿子离群索居，他们建立了自己的安乐窝，生活在个人的天地里，而通往这个天地的大门对外人紧闭着包括亲生的父亲。他们用怀疑的目光看待一切。大儿子把自己的小轿车擦得锃亮，对它那个亲热劲，就像它是人一样，而小儿子用三把锁，把门守得紧紧的……

如今，他老人，用颤抖的双手把针递到匆匆而过的行人面前。他站在行人最多的地方，想用一个暮年人那干涩的声音驱走人们对他、对那些针的冷漠。

"卖针，谁买针呀……"在人流和急促的脚步之中，他的呼唤显得那么微弱、嘶哑、忧伤。

望着鼎沸的人潮，脑海里浮现出令人宽慰的、对往事的回忆。记得有一次他带着两个儿子去看戏，看的是什么，现在已经想不起来了，只记得在幕间休息时，想离开座位活动一下。他们都带了提包，父亲把包放在座位上，等走出去之后，他发现两个儿子随身带了提包。"你们为什么不把提包放在座位上？"他直截了当地问，语气又显得十分亲切。"会丢的！"大儿子笑着回答，小儿子也赞同地点了点头。"谁也不会偷你们的书包，把它放回去。"他知道，此事虽小，但对孩子是一种教育。"好吧，好吧，不过我的教科书都在里面！"小儿子说，然后哥俩回到座位上，坐下不动了。

散场后，大儿子气呼呼地对父亲说："你现在为什么不把提包放在这儿，让我们看看明天还能不能找到它！"他没回答，但是把提包留下了，就放在座位上，头也没回地走了。

第二天，三个人一起来到剧场，拦住了一位大婶，说明来意，那女人说，她没见到什么提包，但还是走进一个门里去察看。两个儿子偷偷直笑，像打了胜仗一样，直到那女人手里拿着提包从门里走出来。当时他感到骄傲而幸福，对儿子们什么也没说，只是笑了笑……

此刻，他也在笑，因为又想起了一件事，他记得，就在那一天，在电车上，他的手提包不翼而飞，被人偷了……

年龄勾起了对无数往事的回忆，记得有一次下班回家之后，发现了一张纸条："我们曾愉快地生活过，对你也无可指责，只是我要走了。玛丽亚。"

此事他无须对儿子们解释，他们已经长大了，也懂得了这种事，儿子们开始可怜起他来了，因为他在生活中显得那么幼稚，简直像孩子一样。他的生活毫无意思，生活就是生活，空虚、乏味和冷漠，如同一棵老树，但是他仍然珍爱它，在他看来，自己除了尚存一丝信念之外，已经一无所有了。

但是如今他连这点儿信念也没有了。

"卖针，谁买针呀！"

嘶哑的声音落到行人们急促的脚步下，被践踏，被忽视，就像他这个人一样。

老人心里在想："针是什么？什么也不是，但它能刺人，凡是能刺人的，就算有用了……"

他一生中没有刺过任何人，没有怨恨，也没有力量，他天性幼稚，或者说是愚蠢，但是他并不蠢，只是太轻信了，而容易轻信别人的人，常常被人压垮。"他是不是被压垮了？那他的信念呢？"

他已经是年老体衰了，需要别人来照看，可是有一天他听见两个儿子为此事争吵，一个儿子说："我家房子太小了，因此每周只能照料他三天。"另一个儿子说："我家人口多，所以我也只能照料他三天，剩下的归你。"

从此，信念这两个字被他勾去了。他拿起手杖离开了儿子，一切都完了，就像影子一样。他常常喜欢思索，可是等他弄懂了一切以后，已经晚了，已是快入土的人了，但没料想到，死，也不是那么容易的……

"卖针，谁买针呀！"他这样呼喊着，从心里感到自己是那么可怜、愚蠢，他觉得不自然，甚至感到羞愧。他一生拘谨，不是不愿意打扰别人，就是处处为人着想。大概年龄与拘谨，或者说与无所谓更有共同之处吧……

"卖针，谁买针呀！现在不用，以后用得着！"

"是卖针吗？"一个翘鼻子的姑娘问道，这姑娘有着一双热情的眼睛，她等着回答，傻乎乎地笑了笑。

老头没听明白，也不大相信别人在问他。

"针，请买针吧！"

"喂，老爷爷，这针怎么卖？"姑娘再次问道。

"一根针卖 10 个斯托丁卡。"老头答道，但还是没有想到，有人会买他的针。

"我买 30 根。"姑娘不假思索地说，脸上泛起一片笑容。

卖针的老人高兴了。

"可我没有这么多！"他把盛针的火柴盒凑到混浊的眼睛面前，用那骨瘦如柴的手指笨拙地数起来。

这时候又有一个人站到他面前。"是卖针吗？"他问那姑娘，然后让与他同行的朋友等一下。老头完全糊涂了。姑娘给了他两个列弗,只拿了3根针就消失在人群中。

"喂……"卖针的老头焦急地在她身后叫了一声,但已经晚了。

站在他面前的那个男人,给了他一个列弗,拿了两根针,也走了。

"请您等一下,找给您钱呀!"老头跟在他后面喊着。

"那钱留着您喝杯酒吧!祝您健康!"男人说完转身对朋友道,"我用不着针……"然后把手一挥。

没过多久,刚才买针的那姑娘又出现在老头面前,弯下腰,好像从地上拣起了什么,然后直起身子说:"您掉了3根针!"她把针放到老头颤抖的手里,老人连声道谢,不好意思地点着头,惊奇地望着她。

"您的针挺好的,我想再买一根。"姑娘笑眯眯地说,把一枚硬币放到他手里,拿了一根针,又消失在人群中……

老头不明白姑娘为什么又回来了,那男人为什么买针。他笑了,点了点头,庆幸自己交了好运,现在他感到幸福极了。

"针,谁买针!现在不用,以后会用得着的!"他对着行人叫卖,但是显得更热情、有信心了。他想,挣来的这些钱可以养活自己和花园里的那群鸽子了。

与你共品
yu ni gong pin

> 　　卖针老人干涩的声音里包含着很多辛酸,以前的生活场景一幕幕从眼前滑过:电影院留包取包,妻子不辞而别,孩子因养老父而争执不休。回到眼前,一根针也卖不出去,自己的唯一财富——尚存的信念也要离自己远去。恰恰此时,一个姑娘出现了,一个男人又来了……谁说这世上没有关怀,没有爱心,没有信任,没有热诚……

个性独悟
ge xing du wu

★老人说："他明白了，可以用强力从别人身上索取，但是无法用强力给人以教诲。"你是怎样理解这句话的？

★下文哪件事证明了老人"无法用强力给人以教诲"这句话的含义？下文老人又回忆了哪两件事？写这些回忆的事有何作用？

★老人的心理经过了怎样一个变化过程？

★老人不能说不会教育，他晓之以理，导之以行，自己又是一个充满信心的"样子"，可孩子还是没有朝他满意的方向发展，直至将亲生父亲赶上马路，这不能不说是岁月和老人开的一个玩笑，对此，你怎样看？

快乐阅读
kuai le yue du

风中的白玫瑰 / · · · [美] 威廉姆斯·科贝尔

我急匆匆地赶往街角的那间百货商店，心中暗自祈祷店里的人能少一点儿，好让我快点儿完成为孙儿们购买圣诞礼物的苦差事。天知道，我还有那么多事情要做，哪有时间站在一大堆礼物面前精挑细拣，像个女人一样。可当我终于到达商店一看，不禁暗暗叫起苦来，店里的人比货架上的东西还多，以至店内温度比外边高好几度，好像一口快要煮沸的锅。我硬着头皮往玩具部挤，抱怨着，这可恶的圣诞节对我简直是一个累赘，还不如找张舒适的床，把整个节日睡过去。

好不容易挤到了玩具部的货架前。一看价钱，我有点儿失望，这些玩具太廉价了。俗话说，便宜没好货，我相信我的孙儿们肯定连看都不会看它们一眼。不知不觉中，我来到了洋娃娃通道，扫了一眼，我打算离开了。这时我看到了一个大约5岁的小男孩，正抱着一个可爱的洋娃娃，不住地抚摸她的头发。我看着他转向售货小姐，仰着脑袋，问："你能肯定我的钱不够吗？"那小姐有些不耐烦："孩子，去找你妈妈吧，她知道你的钱不够。"说完她又忙着应酬别的顾客去了。那小可怜儿仍然站在那儿，抱着洋娃娃不放。我有点好奇，弯下腰，问他："亲爱的，你要把她给谁呢？""给我妹妹，这洋娃娃是她一直特别想得到的圣诞礼物。"小男孩儿说。"噢，也许今晚圣诞老人就会带给她的。"小男孩儿把头埋在洋娃娃金黄蓬松的头发里，说："不可能了，圣诞老人不能去我妹妹待的地方……我只能让我妈妈带给我妹妹了。"我问他妹妹在哪里，他的眼神更加悲伤了，"她已经跟上帝在一起了，我爸爸说妈妈也要去了。"

我的心几乎停止了跳动。那男孩接着说："我告诉爸爸跟妈妈说先别走，我告诉他跟妈妈说等我从商场回来再走。"他问我是否愿意看看他的照片，我告诉他当然愿意。他掏出一张照片。"我想让妈妈带上我的照片，这样她就永远不会忘记我了。我非常爱我的妈妈，但愿她不要离开我。但爸爸说她可能真的要跟妹妹在一起了。"说完他低下了头，再不说话了。我悄悄从自己的钱包里拿出一些钱。我对小男孩说："你把钱拿出来再数数，也许你刚才没数对呢？"他兴奋起来，说道："对呀，我知道钱应该够的。"我把自己的钱悄悄混到他的钱里，然后我们一起数起来。当然现在的钱足够买那个洋娃娃了。"谢谢上帝，给了我足够的钱。"他轻声说，"我刚刚在祈求上帝，给我足够的钱买这个娃娃，好让妈妈带给妹妹。他真的听到了。"然后他又说，"其实我还想请上帝再给我买一枝白玫瑰的钱，但我没说出口，可他知道了，我妈妈非常喜欢白玫瑰。"

几分钟后，我推着购物车走了。可我再也忘不掉那男孩儿。我想起几天前在报纸上看到的一条消息：一个喝醉的司机开车撞一对母女，小女孩死了，而那母亲情况危急。医院已宣布无法挽救那位母亲的生命。她的亲属们只剩下了决定是否维持她生命的权利。我心里安慰着自己——那小男孩当然不会与这件事有关。

两天后，我从报纸上看到，那家人同意了拿掉维持那位年轻母亲生命的医疗器械，她已经死了。我始终无法忘记那商店里的小男孩儿，有一种预感告诉我，那男孩儿跟这件事有关。那天晚些时候，我实在无法静静地坐下去了。我买了一捧白玫瑰，来到给那位母亲举行遗体告别仪式的殡仪馆。我看见，她躺在那儿，手拿一枝美丽的白玫瑰，怀抱着一个漂亮的洋娃娃和那男孩儿的照片。

我含着热泪离开了，我知道从此我的生活将会改变。

与你共品
yu ni gong pin

　　本文以平实的笔触，向人们述说了一个如泣如诉的故事，让人们读后，心潮激荡，唏嘘不已。是啊，那位妇人，那位小男孩，实在是太不幸了，但是，在她们身上所折射出来的光辉，也实在是太崇高了！它激励着后来的人们，不要被某一刻的不幸所压，而应该以积极的态度，勇敢地面对，要做一个生活的强者！

个性独悟
ge xing du wu

　　★读完文章后，你最突出的感觉是什么？请用形象化的语言表述出来。

　　★文章开头写"我"为孙儿们买圣诞礼物当成苦差事，"苦"在哪里？请简要概述出来。

　　★第二段用了哪些描写方法来写小男孩？请你根据描写的内容揣摩一下小男孩当时的心理，并描述出来。

　　★你是如何理解文题的含义的？请用简洁的语言说明。

　　★文章结尾说"我知道从此我的生活将会改变"，请你推测一下，"我"的生活将会怎样改变？

上帝的谈话 / · · · 冯有才

包在荷叶里的月光

约翰是一个小偷,可以说,他的专业技术到了可以用炉火纯青来形容的地步。在同行业中,在同出一门的师兄弟中,他是唯一一个没有被逮住的人。因此,在这一行中,他的声望相当高。他也口出狂言:天下没有他拿不到的东西,也没有他进不了的房子。

这天,他在镇上的酒馆里喝酒,正巧碰到了他的朋友比尔,一个不久前从监狱里放出来的师弟。先是拥抱了一阵,然后两人边促膝交谈边喝酒。比尔告诉他,在这个小镇教堂对面的那条街的街中间,有一户门牌号码为××的人家,家中有几万美元的现金。并且问约翰:"我的朋友,你敢不敢去?"约翰轻蔑地笑了,回答道:"为什么不?"

"可是他家里养了一条很凶很凶的狼狗!"比尔提醒道。

"这不是问题,我的朋友。"约翰很自信。

第二天晚上,约翰就带上了他的宝贝万能箱,朝街心走去。很奇怪,整条街都是漆黑的,只有街心有户人家亮了门灯,而且这家就是他所要找的那户人家。

他先是把安眠药涂在肉上,然后扔在了狗的面前,不一会儿,狗便倒下去了。接着他熟练地打开了内室的门。外屋里的人还没有睡,但这并不影响他的工作,因为他知道一个出色的小偷,是不会在意工作时外界的环境如何恶劣的。凭着他过硬的技术,他很快拿到了钱,确确实实是几万美金。他很奇怪,家中有这么多钱,可这户人家的防盗措施竟会如此地差。这就勾起了他的兴趣,他把耳朵"伸"到了外屋门边,想一探究竟。

"我说,老头子,咱们是不是该花钱请个保姆啊!咱们两人的眼睛都瞎了,总这样过下去,也不是个办法啊!"屋子里传出一个苍老女人的声音。

约翰的心一惊:既然是瞎子,又为何整夜亮着门灯,这就更加勾起了他的兴趣。

"是啊!老婆子,应该这样,可是,咱们现在的日子都不好过了,哪来的钱请保姆呢?"一个老头子紧跟着回答。

"儿子空难后,航空公司不是赔了几万美金吗,为什么不用这些钱?"

约翰的心一沉,用牙齿咬了咬嘴唇,继续听下去。

"你疯啦!老婆子,你怎么忘了,我们不是说好用这些钱给镇子里的孤儿们盖一栋房子的吗?"

约翰的心一震。

"是啊!你看我这记性,都给忘喽。老喽,不中用了。可是,咱们也得花钱交电费啊!门口的灯整夜亮着,很耗电啊!"

"没关系,只要别人在这条街上走路不摸黑就行了。你也知道,这条街上的路很难走的,又是夜里,万一行人跌了跤怎么办?还有咱们的'儿子'克拉尔,虽然它每天都要骨头喂,但是只要咱们每天多糊两个小时的纸盒就行了,这日子还是能过的啊!有了克拉尔,行人就不用担心这条街有强盗了啊!"

"是啊!也只好这样,谁让咱们年轻那会儿只养了一个儿子呢!早知道今天,还不如当初多养一个呢!"老妇人抱怨道。

"别说了,咱们还有这么多纸盒要糊,快干活吧!"

当晚,约翰坐在门口流了一夜的泪。<u>他也是个孤儿,也是被人领养的,但他不服新爸爸对他的管教,一怒之下,偷跑出来,才干上这一行的。</u>

第二天,老夫妇的门口留下了两样东西,一样是他们的几万美金,另一样则是一个很小巧、很别致的万能箱。

从此,在这个小镇上,就再也没有人看见过约翰了。约翰就此神秘地消失了,没有人知道他去了哪里。

与你共品
yu ni gong pin

文题是"上帝的谈话",但文中始终没有出现"上帝"二字,却注重了一个"情"字。文章通过一对盲人老夫妇的一片爱心,让小偷约翰深受感动,使他重新做人,获得新生。

作者运用设悬、插叙等写作手法,使文章更生动、感人。

个性独悟
ge xing du wu

★本文标题为"上帝的谈话"有何用意？

★比尔知道这对盲人老夫妇家里有几万美元的现金，自己为什么不去偷而告诉约翰，并提醒他有一条很凶的狼狗？简要谈谈你的想法。

★文中画线句在记叙顺序中属于什么方式？有什么作用？

★假如这对老年夫妇在门口发现自己的几万美元现金和一个万能箱，会是什么情景？请设计一段对话，来表现这种情景。

快乐阅读
kuai le yue du

寻 觅 / ···林 锋

"人，总有根据前人思索过的记忆来使用眼睛的习惯，因而一切东西都一定还有未被探索到的地方。"这是哪位哲人说过的。

大年初一，满街的积雪发出吱吱的响声，人流涌入公共汽车，车厢里摩肩接踵。我占了先，找到了个座位。这时挤过来一位50岁上下的男人，样子很文静，鼻梁上厚厚的镜片，被撞得歪来歪去。他的脚在如林的腿间寻觅落点，终于伸进我左侧那巴掌大的空隙。我的视线落在那块静静的贴满雪花瓣儿的车窗上，感觉到他把身子移了过来。我顿时有些不满："干嘛到这儿来挤?"他没吱声，也没看我，只顾应付四面夹"击"。我抬头看了看他。噢!想起来了，在车站排长队时他就在我身后，雪花撒在他的眼镜上，肩头上，花白头发上，我打着的伞还险些刮掉他的眼镜。那时我刚要道歉。他摆了摆手，另一只手拎着个大皮包。这包此时正落在我的膝盖上，我推了推，他提了提。

车像蜗牛似的在雪地上爬行，皮包又慢慢坠落下来。我不耐烦地说："皮包……皮包……我的新毛料裤。""啊!对不起，对不起。"他连忙道歉，又用力提起包，轻声说："请您理解!"

"理解是互相的!"我锋利地回答。

沉默。他似乎在全力提着皮包，皮包很重。我几乎闻到了他粗喘着的气息。人靠得很近，心却遥远。我依然坐着，凝视窗外飘飞的雪花。窗上的雪变成水滴流下来。是他后背透出的热量融化的吧!他却一动不动，怕挤着别人。

"是出远门?"旁边的一位湖南人问他。

"从长春回北京过年，没想到在车上过了。"听出他是北京人，很谦和，我顿时产生一种亲切感，内心却不自在。大雪继续纷纷扬扬，车厢外是一片洁净的世界。

我的心绪飞向远方。

孩提时，放学后我打着雨伞，路遇一位盲人，我赶过去为他撑伞领路，雨水淋湿了我全身，心里却高兴……

车终于到站了，人们又奔向另一辆车的门前。

又是满罐。这次我没有抢到座位。双手吊在车杠上，酸酸的，一个声音在我耳畔响起："你坐下吧!"声音很熟。我回头："啊!是您?"他说着站起，让出座位。谦让间，一个娃娃的声音从背后传来。我们对视了一会儿，我伸手拉过抱娃娃的年轻母亲坐下，他嘴角露出微笑。

车似乎跑得轻快了，雪花更加洁白。下车后，我追寻他远去的身影，心中似有雪花融成的一脉清泉。

与你共品
yu ni gong pin

包在荷叶里的月光

　　本文通过极平常的生活琐事,揭示出一种应倡导的精神。大年初一,又是满街积雪,所以大家都挤公共汽车,在等车、上车、下车、换车的一幕幕情景中,在人与人之间的谦和、恭让、理解和计较、自私、狡黠的碰撞中展现人的内心世界。

　　用对比手法揭示矛盾、表现主题。对比有三处:一是"我"与"他"横向作比,"他"站,"我"坐;"他"恭,"我"倨;"他"淳厚,"我"计较,两种言行,两种品质,泾渭分明。二是"我"的今昔的纵向对比,插叙"我"的孩提时代,将"我"的冷漠、尖刻与孩提时代的热情、主动作比,揭示了"我"内心的矛盾和激烈的思想斗争。这正是"我"要"寻觅"的具体体现。三是文末将"我"前后表现作纵向对比,从开始的不让碰,到后来的"伸手拉",前冷后热,判若两人,友爱之心,得以回归。

　　文章含蓄、深刻地揭示了"学习雷锋"这一社会课题,意在言外。结尾诗化的语言,给人以美的遐想。

个性独悟
ge xing du wu

　　★文章通过哪些情节赞扬"他"先人后己的高尚品格?

　　★第五自然段"人靠得很近,心却遥远"一句的意思是什么?

　　★第七自然段中"我"产生亲切感"内心却不自在"的原因是什么?

快乐阅读
kuai le yue du

生命常常是如此之美 / ···乔 叶

每天下午，接上孩子之后，我都要带着他在街上溜达一圈，这是我们俩都很喜欢的习惯。闲走的时候，看着闲景，说着闲话，我就觉得这是上帝对我劳作一天的最好奖赏。每次我们走到文华路口，我就会停下来，和一个卖小菜的妇人聊上几句，这是我们散步的必有内容。这个妇人脸色黑红，发辫粗长，衣着俗艳，但是十分干净。她的小菜种类繁多，且价廉物美，所以常常是供不应求，我常在她这里买菜，所以彼此都相熟。因此每次路过，无论买不买菜，都要停下和她寒暄几句。客户多的时候，也帮她装装包，收收钱。她会细细地告诉我，今天哪几样菜卖得好，卤肉用了几个时辰，西兰花是从哪个菜市上买的，海带丝和豆腐卷怎样才能切得纤细如发，而香菇又得哪几样料配着才会又好吃又好看。听着她絮絮的温语，我就会感到一波波隐隐的暖流在心底盘旋。仿佛这样对我说话的，是我由来已久的一个亲人。而孩子每次远远地看见她，就会喊："娘娘！"——这种叫法，是我们地方上对年龄长于自己母亲的女人的昵称。

那位妇人的笑容，如深秋的土地，自然而醇厚。

一天夜里，我徒步去剧院看戏，散场时天落了小雨，便叫了一辆三轮车。那个车夫是个年近五十的白衣汉子，身材微胖。走到一半路程的时候，我忽然想起附近住着一位朋友，我已经很久没见到她了，很想上去聊聊。便让车夫停车，和他结账。

"还没到呢。"他提醒说，大约以为我是个外乡人吧。

"我临时想到这里看一位朋友。"我说。

"时间长吗？我等你。"他说，"雨天不好叫车。"

"不用。"我说。其实雨天三轮车的生意往往比较好，我怎么能耽误他挣钱呢？

然而，半个小时后，我从朋友的住处出来，却发现他果真在等我。他的白衣在雨雾中如一团蒙蒙的云朵。

那天，我要付给他双倍的车费，他却执意不肯："反正拉别人也是拉，你这是桩拿稳了的生意，还省得我四处跑呢。"他笑道。

负责投送我所在的居民区邮件的邮递员是个很帅气的男孩子，看起来只有 20 岁左右。染着头发，戴着项链，时髦得似乎让人不放心，其实他工作得很勤谨。每天下午 3 点多，他会准时来到这里，把邮件放在各家的邮箱里之后，再响亮地喊一声："报纸到了！"

"干吗还要这么喊一声呢？是单位要求的吗？"我问。

他摇摇头，笑了："喊一声，要是家里有人就可以听到，就能最及时地读到报纸和信件了。"

后来，每次他喊过之后，只要我在家，我就会闻声而出，把邮件拿走。其实我并不是急于看，而是不想辜负他的这声喊。要知道，每家每户喊下去，他一天得喊上五六百声呢。

生活中还有许多这样的人，都能给我以这种难忘的感受。满面灰尘的清洁工，打着扇子赶蚊蝇的水果小贩，双手油腻腻的修自行车的师傅……只要看到他们，一种无缘由的亲切感就会漾遍全身。我不知道他们的姓名和来历，但我真的不觉得他们与我毫不相干。他们的笑容让我愉快，他们的忧愁让我挂怀，他们的宁静让我沉默，他们的匆忙让我不安。我明白我的存在对他们是无足轻重的，但是他们对我的意义却截然不同。我知道我就生活在他们日复一日的操劳和奔波之间，生活在他们一行一行的泪水和汗水之间，生活在他们千丝万缕的悲伤和欢颜之间，生活在他们青石一样的足迹和海浪一样的呼吸之间。

这些尘土一样卑微的人们，他们的身影出没在我的视线里，他们的精神沉淀在我的心灵里。他们常常让我感觉到这个平凡的世界其实是那么可爱，这个散淡的世界其实是那么默契，而看起来如草芥一样的生命种子，其实是那么坚韧和美丽。

我靠他们的滋养而活，他们却对自己的施予一无所知。他们因不知而越加质朴，我因所知而更觉幸福。

那一刻，读你的清纯如水

与你共品
yu ni gong pin

　　我们都是生活在社会群体中人，你对周围的人报以怎样的态度呢?有位哲人说过:"生活中并不缺少美,而是缺少发现。"作者笔下这几位小人物的事情你遇见过吗?你感受到了其中的美吗?关注生活的人，就能获得与常人不同的感受，这份独到的感受就是一种收获。

个性独悟
ge xing du wu

　　★概括本文前半部分的三件事。
　　★找出对卖小菜妇人的肖像进行描写的语句，说说其中隐含着作者怎样的感情?
　　★关注对白衣车夫的语言描写，分析他的内心世界。
　　★理解文章最后一段的含义。

作文链接
zuo wen lian jie

网 友 / ···毁灭公爵

　　晚上 7 点 10 分。一回到家，他便甩开书包，打开电脑,登录 INTERNET。在那里,他刚结交了一个叫"双刀"的网友,7 点是他们准时网上约会的时间。

　　"对不起,我又迟到了。都怪那个铁面冷血迟钝保守的班主任,我只不过少做了几个题目,就被他整整训了 17 分 23 秒。其实我不是不愿做,是不会做,你说我冤不冤？"

"看来你们班主任真是不应该,怎么能不问原因就批评你呢?跟你才谈几天,我发现你们那个'铁面冷血迟钝保守'的班主任缺点还真不少。嗯?你怎么回事,迟钝的'钝'不是你上课打盹的'盹'。"

"我们老师就常这么说我。我就是有不会的题也不敢问他呀!"

"说的也是,看来你们班主任得好好改改了。说吧,你有什么问题,让双刀大哥替你摆平!"

"你真好。要是你当我们班主任就好了。"

"你们班主任可不愿听到这句话。"

一个月后,又是晚上7点10分。

"对不起,我又迟到了。今天没挨他训,反而受表扬了,期中考试我前进了5名。他今天破天荒地绽开了他那铁面冷血保守迟钝的脸。他对我讲话特温和,还让我介绍学习经验。双刀大哥,这真的都得感谢你,我准备把你列入本人学习进步功臣表的第一座,可我还不知道你尊姓大名呢?"

"相逢何必曾相识,你我既然有缘每天相逢,就够了,何必追问我姓甚名谁?我'双刀'可是行侠仗义从不留名的!"

"你必须留名,否则小弟无从报答大恩!"

"既如此,请瞪大双眼!我'行不更名,坐不改姓',人称'铁面冷血保守迟钝'的邢则是也。"

"邢则,双刀……班主任!"

【简 评】

师生情的感人事迹可以说是不胜枚举,可作者另辟蹊径,选择网络作为连线将在生活中的烦心事都向"双刀"大哥倾诉。网络成了作者进步的桥梁,心中的依靠。而结果这位循循善诱的"双刀"大哥却是生活中的这个"铁面冷血迟钝保守的班主任",可以说是循循善诱之人。

这篇文章证明,即使是普通的孩子,只要教育得法,也会成为不平凡的人。

伞下的晴空 / ··· 周 蜜

每一把伞下，都有一片晴空。而那把伞下的晴空最使我难忘。

那是一个阴冷的早晨，天灰蒙蒙的，不时刮来阵阵凉风。好像在告诉人们出门不要忘了带上雨具，而我却怀着侥幸的心理走进了学校……

时间过得真快，不一会儿便要放学了。这时，一直在专心听讲的我猛然发现窗外天空布满乌云，眼看暴雨就要来临了。我不禁焦急起来。放学的铃声响了，窗外也"哗哗啦啦"地下成了一片。

我正望着窗外，杨好喊我一同回家。她见我没带雨具，便说："咱们共伞吧！"

我感激地望了望她，便与她一同下楼来。她撑着伞，我们并肩走入茫茫大雨中。我们还是像往常一样，说说笑笑地走着。

不久，我们走了一半路程，我猛地发觉，杨好的半个身子已经让大雨浇透了，而我……我心里很是过意不去，于是，稍稍把伞向她那边推了推。她很细心，我这个极其细微的动作，她也察觉了，向我笑了笑，继续走着。不一会儿，伞又挪向我这边，我的身躯再一次地被这个"伞下的晴空"包容了。这"晴空"，比那万里无云的晴空更加艳丽。因为它凝聚了我们真诚的友谊，因为它连结着我们两颗幼小纯洁的心灵。

不知不觉，我们来到了三岔路口。这是我们以往分手的地方。这次，我们沉默了。忽然，她望了望前方不远处她家住的楼房，对我说：

"周蜜，这伞你拿去用吧，下午带来给我就是了。"

"那你……"

没待我说完，她就打断了我的话："我不要紧，拐个弯就到了，你还远！"

"不，不我也……"

"你拿着吧！"她再次打断我的话，把伞放在我手上，"我走了。"说完，一转身，就往前走。

我忙大声喊："你把伞带上！"她停了下来，转身朝我摆摆手，示意我快回家。我很过意不去，真不忍心让她替我遭雨淋。这把小花伞本来就属于她的呀！

我找个醒目的地方，见她还望着我，便把伞放在地上，指了指伞，转身就跑，把那伞下的晴空暂时留给了大地。心想，她见我走了，一定会折回来拿伞的。谁知她也像我这样想。伞终于丢了。现在想想，我们那时太天真，太幼稚了。如果我们当时共伞走到她家，我再借她的伞用，问题不就解决了吗？

第二天在学校，我得知伞丢了，很是内疚，几乎要哭了。她安慰我说："那伞给别人拾去了，照旧能发挥它的作用。"

是啊！那把伞下永远有一片美丽的晴空。我豁然开朗了，因为我心中也拥有一片晴空……

【简 评】
jian ping

本文语言流畅、笔墨精炼，含义隽永，层次推进也十分有序，并于层层推进中升华主题，如行云流水，十分自然。通篇只有一把伞贯穿始终。故事情节也很简单：二人打一把伞，担心对方淋湿了，谦让的结果是丢了伞。伞是物，蕴含的大主题在那一句话上："伞下的晴空！"通俗点讲就是把方便让给别人，困难留给自己。伞丢了，二人似乎都要淋湿。但细想想二人又都占有了更大的一片晴空。杨好的那句话说得好："那伞给别人拾去了，照旧能发挥它的作用。"这是多么博大、宽容的胸怀呀！这就关系到社会主义道德观的大问题了。今天在市场经济条件下，你、我、他之间难道不正应该这样吗？

开

出良心的处方

情谊卷

那种被人信任的感觉，一次次激励我将诊所支撑下去。

如何让你遇见我

在我最美丽的时刻　为这

我已在佛前　求了五百年

求它让我们结一段尘缘

佛于是把我化作一棵树

长在你必经的路旁

阳光下慎重地开满了花

朵朵都是我前世的盼望

当你走近　请你细听

那颤抖的叶是我等待的热情

而当你终于无视地走过

在你身后落了一地的

朋友啊　那不是花瓣

是我凋零的心

快乐阅读
KUAI LE YUE DU

深深体谅 / · · · [日] 神津康娜

我弟弟是初出茅庐的画家,居住在西班牙的马约尔加岛。这是我母亲到西班牙看望弟弟要返回日本那天发生的事情。

一大早,母亲和弟弟气喘吁吁地把两个大旅行箱从那座具有二百年历史的古老公寓的四楼搬下来,他们把旅行箱放在几乎无人通过的路边,坐在箱子上等出租车。

马约尔加岛不是城市,出租车不会经常往来,当然也无法通过电话叫车,只能在路边等着,谁也不知道出租车何时能来。

我弟弟因为已在岛上住了三年,很了解这种情况,所以显得坦然自在。马约尔加岛的生活与东京快节奏的生活截然不同。

大约过了 20 分钟,从相反车道过来一辆出租车,弟弟立即起身招手,但他看到车内有乘客时就放下手,出租车缓缓地驶去。

然而,那辆车驶了 30 米左右就停住了,那位乘客下车了。

"噢,真幸运,那人在这里下车呀。"

从车内走出的是一位看来颇有修养的老绅士。弟弟对这个偶然感到很高兴,并迅速把旅行箱装进车的后备箱。

坐进车后,弟弟告诉司机:"去机场。"并说,"我们真幸运,谢谢你。"

司机耸了耸肩膀说:"要谢,你们就谢那位老先生吧,他特意为你们早下车的。"

弟弟和母亲不解其意,于是司机又解释道:"那位老先生本想去更远的地方,但是看到你们后就说:'我在这里下车,让那两位乘客上车吧。这么早拿着旅行箱

那一刻·读你的清纯如水

站在路边,一定是去机场乘飞机的。如果是这样,肯定有时间限制。我反正没什么急事,我在这里下车,等下一辆出租车。'所以你们要谢就谢那位老先生吧。"

弟弟很吃惊,他恳请司机绕道去找那位老先生。当车经过老先生身边时,弟弟从车窗大声向那位悠然地站在路边的老先生道谢。老人微笑着说:"祝你们旅途愉快。"

后来弟弟在给我的信中这样写道:"我对他人的体谅与那位老先生相比程度完全不同。我即使体谅他人,自己在心里也会想:能做到这点就不错了——自己随意决定体谅他人的限度,我对自己感到羞耻。我现在真想成为像那位老先生那样的人,成为那种不经意之中就流露出对他人深深体谅的人。"

与你共品
yu ni gong pin

一般说来,能够体谅他人并不难,难的是做到"深深"的体谅。也就是说,随时随地站在对方的角度和地位去设想,想到他人的处境,想到他人的可能的难处,并且尽自己的可能给予他人以帮助。这其实是很难做到的啊。同时,体谅他人而不求回报,甚至不要求对方知晓,在不经意间就流露出对他人的体谅,这才是思想上的高度。彼此之间的互助,就构成我们这个美好的世界和美好的人生。

个性独悟
ge xing du wu

★阅读全文,请体会文题中"深深体谅"中"深深"一词的含意。

★文中描写那位老先生所拥有的最宝贵的品质是什么?

★文章第二自然段为什么要强调居住的公寓是一座"具有二百年历史的古老公寓"?

★试分析本文在写法上的特点。

开出良心的处方

快乐阅读
kuai le yue du

雨 / ···楼适夷

　　窗外,下着雨。这样滂沱的大雨继续有好几天了。壁上苔痕漫漶,把室内的光线涂得更暗淡了。弄堂口积满了水,我不能出去;不过,我也不想出去。这小天地足够容纳我了。况且,室内除掉我,还有我的猫,它蹲在我面前,以爪子擦擦脸,它也给大雨阻住了,否则尽可在外边撒野。现在,只有我们两个,我们是寂寞的。

　　它瞪着眼睛看我,我也瞪着眼睛看它。它的眼光是多么的慈和,亲切,充溢着爱和同情,这是我在人群中从来没有看见过的。它的眼珠似乎消溶成一泓水流,在这水波里映出我自己的影子。纵若,我不懂它的言语,它也不懂我的言语,不过我们会通过相互的爱而彼此了解的。它走近我,以舌子舐舐我的皮鞋,咪咪的叫着。我知道它,它是爱护我的。我很奇怪,正当人们扰扰不已的时候,料不到人与兽之间却会消除去言语的隔阂而相互抚爱,相互了解的,这使我忘却外面的世界,以及世界上的一切恶行。室外的一切都遥远了,模糊了。

　　外面的雨更大了,宛若创世纪里上帝膺惩世人的那股大水,我们就像坐在诺亚的小船上,离去这个没有爱的罪恶的世界……

　　为甚么独有人与人之间不能产生相互的爱呢?我亲眼看见有个人雇用了一群十多岁的少年,教他们怎样打人,为甚么要使他们受这样的教育呢?在他们没有知道爱之前,却学会了谋害别人了,在他们没有产生同情之前,却已会欺侮别人了。我也亲眼看见怎样被人殴打的,拳捶着,足蹴着,难道他们不知道被打的也是人，也是和自己一样的人么。所有的文明和教育都是错误的。我们要再出发，从爱的基础上出发。这样，人类的生活才会变得有意思起来……

外面的世界是可怕的。只有这方小天地里充溢了爱与和睦。它看着我，我看着它。我们两个往来，从没有想到彼此谋害，妒忌，诅咒和诽谤。所有的罪行都是不存在的。<u>纵若，我们是寂寞的，但是我们有爱，有可以向外面人类骄矜的爱来弥补这样的缺陷的。</u>我真希望：我们的屋子就是诺亚的小船，我们就是诺亚藏着的两种生物。小船载着我们避去上帝予以人类的灾厄慢慢远去，往虹之国，云乡，雨榭……

雨太大了，承溜里的水声哗啦啦的。我们更挨近一起。它跳到我膝头上，在怀里躺下来。我抚着它，它舌子舔舔我的手背。我们之间有一种不可言说的温暖，这温暖使我们能忍受一切，那无止的寂寞，那窒人的潮气，那难以排遣的悒郁……让我们这条小船航得远远的，让更大的雨水来洗涤这个腌月赞的世界吧。

与你共品

楼适夷(1905~2001)，翻译家、编辑家、作家。浙江余姚人。1922年加入湖畔诗社。1928年加入太阳社。1931年在上海参加左翼作家联盟。主要作品有小说集《挣扎》《病与梦》《第三时期》，剧本《盐场》《SOS》，散文集《话雨录》《适夷诗存》，译作有《在人间》《老板》《谁之罪》《天平之充》《安子》《志贺直哉小说集》《牵牛花》《学徒之神》《芥川龙之介小说十一篇》《壶井繁治诗钞》等。

"我真希望：我们的屋子就是诺亚的小船，我们就是诺亚藏着的两种生物。小船载着我们避去上帝予以人类的灾厄慢慢远去，往虹之国，云多，雨榭……"这段话充分体现了作者真正的希望和理想：让世间处处充满爱，没有互相间的欺侮和谋害，人们都生活在爱的国度里。

个性独悟
ge xing du wu

★第五自然段画线句中的"缺陷"是指什么？

★文章运用对比手法。作者用动物与人的关系和人与人之间的关系进行对比，动物与人的关系是什么？人与人的关系是什么？

★文中第二自然段中"正当人们扰扰不已的时候"，其中"扰扰不已"的意思是什么？请用四字成语或短语替代它。

★第一、三自然段和第六自然段三处写雨，其中哪些地方对雨的描写赋予"雨"深刻的含义？请把原文摘录下来。

★作者在文中三次把自己的小屋比作诺亚小船，表达了作者怎样的思想感情？

快乐阅读
kuai le yue du

人生的另一种财富／···苏 子

我从小是在贫穷中长大的，当我还不懂得什么叫贫穷的时候，我首先懂得了耻辱。

我的父母是属于那种勤劳朴实却死板木讷的人。他们有一身的力气，但我们的时代已不是一个靠力气就能过上好日子的时代了。别人谈笑之间挣来的钱，是我父母辛劳一生也望尘莫及的。聊可安慰的是，他们拼命干一天所挣的钱，我们一家三口能吃饱穿暖。作为独生女，我也能得到父母最大的爱。尽管这爱的表现方式不是肯德基，不是麦当劳，不是苹果牌牛仔服，不是我叫不出名字来的各种名牌文具。但我在父母的庇护下也有了一个平静和谐的童年。

父亲对我的爱最直接，也最简单。父亲是蹬三轮车的，于是他每天蹬车送我上学。他弯起宽厚的后背努力蹬着车，有时还和我开个玩笑："你看爸爸能到几迈了?"特别是在雨天雪天里，我干干净净暖暖和和地来到学校。而到了放学的时分，父亲又早早地等在校门口，令不知道底细的同学羡慕不已，他们说你爸妈真疼你，天天雇车送你上下学。同学的话一下子提醒了我，如果让他们知道送我上学的不是家里雇的，而是我的亲生父亲，他们又该做何议论呢？我一下子被一种可能到来的强烈的耻辱感击垮了，我做了一生中最让我忏悔的事，我默认了同学的误解。

父亲不知道我的心理，他不但蹬车送我上学，还时常到校门口我下车之后，再撵上来嘱咐几句让我注意的话。有一次，这情景被一个同学看见了，她疑惑地问，那蹬三轮的怎么和你那么亲啊。我害怕了，从此说什么也不让父亲送到校门口，远远地，在一个胡同里，我就让父亲停下来，然后四顾无人，提前悄悄地下了车。

父亲一开始没明白，依然坚持送我到校门口，可忽然有一天他似乎明白了点什么，于是再也不坚持了。我们父女心照不宣地达成了默契。放学时来接我的父亲，再也不像以前那样在校门口翘首企望了，他躲在那个胡同，等着我的到来。有一天下大雨，我跑到父亲那儿的时候，全身已经淋得透湿了。浑身也同样湿透的父亲，却紧紧地抱起我，我看见他眼中的泪水和着雨水顺着他的脸流了下来。

到我上大学的时候，母亲面对学费的数额目瞪口呆，她拿出她一生的积蓄，也仅够我一个学期的费用，而且，还不包括我的生活费。我只好向学校提出了特困补助的申请。直到这时我才明白，小时候我的有关耻辱的感觉，比较起此时来，简直就像是毛毛雨了。

上学不几天，全班同学都知道了我是特困生。因为我的宿舍被安排在老楼里，那儿的住宿费要便宜多了。他们对我感到很好奇，对于许多同学来说，贫困和撒哈拉大沙漠一样距他们的生活太遥远。因为与众不同，我成了他们着重注意的人。这是我后来才发现的。他们用充满好奇和怜悯的眼光看我，上学一年多的时间里，我穿的也还是家里带来的衣服，穿着那些衣服走在到处是青春靓丽时尚流行的校园里，前后左右扫射过来的惊异的目光，让我如万箭穿心。

图书馆成了我最常去的地方。我常常找个不易被人注意的旮旯儿，狼吞虎咽地噎进去一个没有菜的馒头，好一点的是一根麻花，最好时是两个包子，注意不被人看到我的窘态。剩下的时间，我用读书来陪伴大学里一个朋友也没有的孤独。书是不挑人的，它一视同仁地对待每一个打开它的人们。

但有一个奢侈的行为我却一直没肯放弃，这就是每月一次的和中学几个好朋友的网上聊天，它给了我孤独的大学生活一个极大的安慰。每到这个日子，我都极早跑到学校附近的一个网吧，占好位置，迫不及待地打开我的QQ，寻找想念已久的老同学。

有一次我在网吧遇上了一个同班同学，他当时惊诧的样子让我以为自己出了什么大毛病。我检省了一下自己，没发现什么，便把这件事忘记了。

我度过自己在大学里的第一个生日时，也是一个人，但那天我让自己又奢侈了一回，我第一次买了一个红烧肉，我也第一次大大方方地端着盘子和同学们坐在了一起。

当时在座的有两个我的同班同学，我至今清晰地记着他们那双惊诧的眼睛，那眼睛像不认识我似的反复打量，直到我将盘子里的菜吃得干干净净。

后来就到了让我终生难忘的那个耻辱的日子。

那是一次团会活动，大家讨论帮助特困学生的事。有同学当时就提出了自己的看法，他们说，特困生应该得到我们的帮助，可我们班有的特困生还上网吧；有人补充道，我看见我们班的特困生吃了红烧肉……

同学们把眼光射向了我。

我已经无地自容。

从小到大，我只知道贫穷是一个物质的概念，但到了大学，我才发现，贫穷更大程度上是对人的精神折磨。我可以忍受没有菜的干馒头，可以忍受落后于时代的出土文物似的旧衣服，我无法忍受的是这种被打入另类的感觉。我不明白，因为穷困，人就连寻找自己快乐的权利也没有了吗？为自己过一个生日难道就是犯罪吗？如果当初我知道我会在这样一种境况下度过我的大学生涯，我不知道还会不会有拼命学习的毅力。大学让我知道了贫富之间的巨大差距，它给我带来的那种耻辱的感觉，比贫困对人的折磨要强大得多。

当帮助已经变成了一种施舍，我宁愿不要。

就在那一瞬间，我忽然醒悟到许多年来我对父亲的不公。我当年剥夺他对我表示爱的权利，其实也只是因为他穷，我也曾一样的残酷。我给了自己父亲耻辱，我也必须承受别人带给我的耻辱。

我在承受这种现实还是选择退学之间犹豫很久。

我想起了父亲宽厚的后背，高考最热的那几天，父亲不顾我的反对，执拗地坚决送我上考场。因为我被分到了离家最远的地方。父亲已经在不知不觉中老了，他努力想快一些，却总是力不从心。7月的骄阳下，汗水在他裸露的后背上淌出了一道道小沟。而我当时却坐在有着遮阳篷的车座中。我想起了当时自己的决心,爸妈,你们放心吧,我一定给你们带来盼望中的快乐。

我一想到父亲的后背,想起母亲接到我的录取通知书时眉开眼笑到处奔走相告的情景,我忽然感到,即使面对的是这样一种现实,我也无权选择放弃。贫穷本身不是罪过,因贫穷而放弃了自己生存的尊严,这才是罪过。就是在那一瞬间,我从多年压抑着我的耻辱感中解放出来,生活忽然在我面前明亮起来。

第二天是写作课,我知道老师布置的作业是感受你生活中的爱。许多同学充满激情地念起了自己的作文,他们感激父母为他们带来的幸福、丰裕和富足的家庭,从小到大为他们创造的条件,包括高考期间,每天换样的吃饭,包宾馆房间,为了他们更好的休息……老师沉静地听着,不做一声,直到最后,才巡视了一圈失望地问:"还有没有同学要说了?"

我稳稳地举起了手。

我讲了父亲的后背,冬天落在上面的雪和夏天淌在上面的汗;我讲了从小看到母亲为我攒钱的情景,每凑够一个整数,她就信心百倍地朝下一个数字努力。我讲小时候吃苹果,父母把苹果细细地削掉了皮,一口一口地喂给我吃,而削下来的苹果皮,他们俩却推来推去地谦让着,谁也舍不得吃。最后,母亲又用它给我煮了苹果水……

我说我很庆幸,贫穷可能让我们生活得更艰难些,但它却不能剥夺我们爱的权利,我感谢父母,虽然不能给我那种富裕,但却让我有机会细细地品尝到了容易被富足冲淡或代替了的爱。我为小时候对父亲的伤害而忏悔,我一定会向他当面道歉的,尽管我明白得晚了些……

从这时候起,曾经有过的耻辱成了我人生的一笔财富。从耻辱感中走出来,我可以用一种正常而不是自卑的心态与同学们相处了。留在我身上的目光虽然特异,但也不让我感到难受了。我能够大大方方地在食堂的餐桌上平静地享用哪怕只有一个馒头的午饭;我在众目睽睽之下把我拾到的回收物品送到回收站。我承包了我所住的宿舍楼的卫生清洁工作。我做家教,搞促销,在不影响学习的前提下,做我所能做的一切。我要尽自己最大的努力,完成大学学业。

在那一个假期到来的时候,我给父母写了一封信,我详详细细地告诉了他们我准确的到家时间,并提出了我的要求,我让父亲一定蹬着他的三轮车去接我,我要伏在他已经弯曲的后背上,告诉他我经历过的这一切一切……

贫穷不是耻辱,放弃尊严才是真正的耻辱。我从耻辱中走出来,也走出了贫穷。耻辱成了我人生的另一种财富。

开出良心的处方

与你共品
yu ni gong pin

贫穷是人生的另一种财富，贫穷不是罪过，贫穷并不可耻。只有贫穷过，并以贫穷为耻辱，在耻辱中奋起的人，才能把贫穷当做一种认识社会、认识人、认识世态炎凉的一种财富，才能用这种财富濡养自己，激励自己，化为一种战胜贫困带来的自强心理，化做奋斗向上改变命运、抗争命运的强大生命力。

贫穷离我们已越来越远了，希望脱离贫穷的人对贫穷的人收回怜悯，献出爱心；正在贫穷的人，不必自卑。贫穷无罪。作者的经历或许会给你启示。

个性独悟
ge xing du wu

★"心照不宣"在本文中是什么意思？结合文章，为什么说父爱"最直接，也最简单"？

★"书是不挑人的，它一视同仁地对待每一个打开它的人们。"这句话强烈地表现了作者怎样的情绪、处境和态度？

★"当帮助已经变成了一种施舍，我宁愿不要。""帮助"和"施舍"有哪些区别？

★你对她的贫苦不一定同情，但她因贫穷而感到的耻辱一定会深深震撼你，你对她"稳稳地举起了手"一定钦佩之至。说一说你读本文之后拥有的感动。

快乐阅读

台　阶/··· 李森祥

　　父亲总觉得我们家的台阶低。

　　我们家的台阶有三级，用三块青石板铺成。那石板多年前由父亲从山上背下来，每块大约有300来斤重。那个石匠笑着为父亲托在肩膀上，说是能一口气背到家，不收石料钱。结果父亲一下子背了三趟，还没觉得花了太大的力气。只是那一来一去的许多山路，磨破了他一双麻筋草鞋，父亲感到太可惜。

　　那石板没经石匠光面，就铺在了家门口。多年来，风吹雨淋，人踩牛踏，终于光滑了些，但磨不平那一颗颗硬币大的小凹凼。台阶上积了水时，从堂里望出去，有许多小亮点。天若放晴，穿堂风一吹，青石板比泥地干得快，父亲又用竹丝扫把扫了，石板上青幽幽的，宽敞阴凉，由不得人不去坐一坐，躺一躺。

　　母亲坐在门槛上干活，我就被安置在青石板上。母亲说我那时好乖，我乖得坐坐就知道趴下来，用手指抓青石板，划出细细的沙沙声，我就痴痴地笑。我流着一大串涎水，张嘴在青石板上啃，结果啃了一嘴泥沫子。再大些，我就喜欢站在那条青石门槛上往台阶上跳。先是跳一级台阶，嘣、嘣、嘣！后来，我就跳二级台阶，嘣、嘣！再后来，我跳三级台阶，嘣！又觉得从上往下跳没意思，便调了个头，从下往上跳，啪、啪、啪！后来，又跳二级，啪、啪！再后来，又跳三级，啪！我想一步跳到门槛上，但摔了一大跤。父亲拍拍我后脑勺说，这样是会吃苦头的！

　　父亲的个子高，他觉得坐在台阶上很舒服。父亲把屁股坐在最高的一级上，两只脚板就伸搁在最低的一级。他的脚板宽大，裂着许多干沟，沟里嵌着沙子和泥土。父亲的这双脚是洗不干净的，他一般都去凼里洗，拖着一双湿了的草鞋唿嗒唿嗒地走回来。大概到了过年，父亲才在家里洗一次脚。那天，母亲就特别高兴，亲自为他端了一大木盆水。盆水冒着热气，父亲就坐在台阶上很耐心地洗。因为沙子多的缘故，父亲要了个板刷在脚上沙啦沙啦地刷。后来父亲的脚终于洗好了，终于洗出了脚的本色，却也是黄叽叽的，是泥土的颜色。我为他倒水，倒出的是一盆泥浆，木盆底上还积了一层沙。父亲说洗了一次干净的脚，觉得这脚轻飘飘地没着落，踏在最硬实的青石板上也像踩在棉花上似的。

　　我们家的台阶低！

四

父亲又像是对我，又像是自言自语地感叹。这句话他不知说了多少遍。

在我们家乡，住家门口总有台阶，高低不尽相同，从二三级到十几级的都有。家乡地势低，屋基做高些，不大容易进水。另外还有一说，台阶高，屋主人的地位就相应高。乡邻们在一起常常戏称：你们家的台阶高！言外之意，就是你们家有地位啊。

父亲老实厚道低眉顺眼累了一辈子，没人说过他有地位，父亲也从没觉得自己有地位。但他日夜盼着、准备着要造一栋有高台阶的新屋。

父亲的准备是十分漫长的。他今天从地里捡回一块砖，明天可能又捡进一片瓦，再就是往一个黑瓦罐里塞角票。虽然这些都很微不足道，但他做得很认真。

于是，一年中他七个月种田，四个月去山里砍柴，半个月在大溪滩上捡屋基卵石，剩下半个月用来过年和编草鞋。

大热天父亲挑一担谷子回来，身上淌着一片大汗，顾不得揩一把，就往门口的台阶上一坐。他开始"磨刀"。"磨刀"就是过烟瘾。烟吃饱了，"刀"快，活做得也快。

父亲光着很宽大的背脊，一个夏天就这样光着背脊。太阳把他的皮肤烧磨得如牛皮般厚实，油腻腻的，仿佛是涂了一层蜡。然而，却并不光滑，上面结满了芝麻般的痱子。痒起来时父亲就把光背靠在门框上擦，啵、啵、啵，父亲一下下擦得很有力很响。结果把那些痱子都擦破了，痱子便淌着黄水，也流着汗。黄水与汗流到他那块洗白了的围腰上，围腰很宽很长，手摸着，竟能触摸到一粒粒的汗斑。那汗斑仿佛是用油漆刷上去的，很硬实。父亲说是菜油汗，菜油吃多了的缘故。可我们家为了造屋，经常空锅子烧菜，哪有多少菜油好吃。

台阶旁栽着一棵桃树，桃树为台阶遮出一片绿荫。父亲坐在绿荫里，目光经常望出去，那里能看见别人家高高的台阶，那里栽着几棵柳树，柳树枝老是摇来摇去，却摇不散父亲那专注的目光。这时，一片片旱烟雾在父亲头上飘来飘去。

父亲磨好了"刀"。除去烟灰时，把烟枪的铜盏对着青石板"嘎嘎"地敲一敲，然后就匆忙地下田去。

冬至，晚稻收仓了，春花也种下地，父亲穿着草鞋去山里砍柴。他砍柴一为家烧，二为卖钱，一元一担。父亲一天砍一担半，得一元五角。那时我不知道山有多远，只知道父亲鸡叫到第三遍时出发，黄昏贴近家门口时归来，把柴靠在墙根上，很疲倦地坐在台阶上，把已经磨穿了底的草鞋脱下来，垒在门墙边。一个冬天下来，破草鞋堆得超过了台阶。

父亲就是这样准备了大半辈子。塞角票的瓦罐满了几次，门口空地上鹅卵石堆得小山般高。他终于觉得可以造屋了，便选定一个日子，破土动工。

造屋的那些日子，父亲很兴奋。白天，他陪请来的匠人一起干，晚上他一个人搬砖头、担泥、筹划材料,干到半夜。睡下三四个钟头,他又起床安排第二天的活。我担心父亲有一天会垮下来。然而,父亲的精力却很旺盛,脸上总是挂着笑容,在屋场上从这头走到那头,给这个递一支烟,又为那个送一杯茶。终于,屋顶的最后一片瓦也盖上了。

接着开始造台阶。

那天早上父亲天没亮就起了床,我听着父亲的脚步声很轻地响进院子里去。我起来时,父亲已在新屋门口踏黄泥。黄泥是用来砌缝的,这种黏性很强的黄泥掺上一些石灰水豆浆水,砌出的缝铁老鼠也钻不开。那时已经是深秋,露水很大,雾也很大,父亲浮在雾里。父亲头发上像是飘了一层细雨,每一根细发都艰难地挑着一颗乃至数颗小水珠,随着父亲踏黄泥的节奏一起一伏。晃破了便滚到额头上,额头上一会儿就滚满了黄豆大的露珠。

等泥水匠和两个助工来的时候,父亲已经把满满一凼黄泥踏好。那黄泥加了石灰和豆浆,颜色似玉米面,红中透着白,上面冒着几个水泡,被早晨的阳光照着,亮亮的,红得很耀眼。

父亲从老屋里拿出四颗大鞭炮,他居然不敢放,让我来。我把火一点,呼一声,鞭炮蹿上了高空,稍停顿一下便掉下来,在即将落地的瞬间,"啪"——那条红色的纸棍便被炸得粉碎。许多纸筒落在父亲的头上肩膀上,父亲的两手没处放似的,抄着不是,贴在胯骨上也不是。他仿佛觉得有许多目光在望他,就尽力把胸挺得高些,无奈,他的背是驼惯了的,胸无法提得高。因而,父亲明明是该高兴,却露出些尴尬的笑。

不知怎么回事,我也偏偏在这让人高兴的瞬间发现,父亲老了。糟糕的是,父亲却没真正觉得他自己老,他仍然和我们一起去撬老屋门口那三块青石板,父亲边撬边和泥水匠争论那石板到底多重。泥水匠说大约有350斤吧,父亲说不到300斤。我亲眼看到父亲在用手去托青石板时腰闪了一下。我就不让他抬,他坚持要抬。抬的时候,他的一只手按着腰。

三块青石板作为新台阶的基石被砌进去了。父亲曾摸着其中一块的那个小凹凼惊异地说,想不到这么深了,怪不得我的烟枪已经用旧了三根呢。

新台阶砌好了,九级,正好比老台阶高出三倍。新台阶很气派,全部用水泥抹的面,泥瓦匠也很用心,面抹得很光。父亲按照要求,每天在上面浇一遍水。隔天,父亲就用手去按一按台阶,说硬了硬了。再隔几天,他又用根细木棍去敲了敲,说实了实了。又再隔了几天,他整个人走到台阶上去,把他的大脚板在每个部位都踩了踩,说全冻牢了。

于是,我们的家就搬进新屋里去。于是,父亲和我们就在新台阶上进进出出。搬进新屋的那天,我真想从台阶上面往下跳一遍,再从下往上跳一遍。然而,父亲叮嘱说,泥瓦匠交代,还没怎么大牢呢,小心些才是。其实,我也不想跳。我已经是大人了。而父亲自己却熬不住,当天就坐在台阶上去抽烟。他坐在最高的一级上。他抽了一筒,举起烟枪往台阶上磕烟灰,磕了一下,感觉手有些不对劲,便猛然愣住。他忽然醒悟,台阶是水泥抹的面,不经磕。于是,他就憋住了不磕。

正好那会儿有人从门口走过,见到父亲就打招呼说,晌午吃过了吗?父亲回答没吃过。其实他是吃过了,父亲不知怎么就回答错了。第二次他再坐台阶上时就比上次少了一级,他总觉得坐太高了和人打招呼有些不自在。然而,低了一级他还是不自在,便一级级地往下挪,挪到最低一级,他又觉得太低了,干脆就坐到门槛上去。但门槛是母亲的位置。农村里有这么个风俗,大庭广众之下,夫妇两从不合坐一条板凳。

有一天,父亲挑了一担水回来,噔噔噔,很轻松地跨上了三级台阶,到第四级时,他的脚抬得很高,仿佛是在跨一道门槛,踩下去的时候像是被什么东西硌了一硌,他停顿了一下,才提后脚。那根很老的毛竹扁担受了震动,便"咯叽"地惨叫了一声,父亲身子晃一晃,水便泼了一些在台阶上。我连忙去抢父亲的担子,他却很粗暴地一把推开我:不要你凑热闹,我连一担水都挑不动么!我只好让在一边,看父亲把水挑进厨房里去。厨房里又传出一声扁担沉重的叫声,我和母亲都惊了惊,但我们都尽力保持平静。等父亲从厨房出来,他那张古铜色的脸很像一块青石板。父亲说他的腰闪了,要母亲为他治治。母亲懂土方,用根针放火上烧一烧,在父亲闪腰的部位刺九个洞,每个洞都刺出鲜红的血,然后用舀米的竹筒,点个火在筒内过一下,啪一声拍在那九个血孔上。第二天早晨,母亲拔下了那个竹筒,于是,从父亲的腰里流出好大一摊污黑的血。

这以后,我就不敢再让父亲挑水。挑水由我包了。父亲闲着没什么事可干又觉得很烦躁。以前他可以在青石台阶上坐几个小时,自那次腰闪了之后,他似乎失去了这个兴趣,也不愿找别人聊聊,他就很少跨出我们家的台阶。偶尔出去几趟,回来时,一副若有所失的模样。

我就陪父亲在门槛上休息一会儿,他那颗很倔的头颅埋在膝盖里半晌都没动,那极短的发,似刚收割过的茬,高低不齐,灰白而失去了生机。

好久之后,父亲又像问自己又像是问我:这人怎么了?

怎么了呢,父亲老了。

那一刻·谈你的清纯如水

与你共品
yu ni gong pin

　　母爱是神圣的,父爱又何尝不是伟大的。父爱往往是平淡的,平淡得几乎使你想不起父亲曾经为你做过什么刻骨铭心的事,但就在这平淡里,却融入了父亲的至纯无私的爱,融入了父亲的理想和期盼。或许,当你膝下得子时,当你回头面对老父亲沧桑的皱纹时,将会更深地体悟到这一点:父爱如山。

个性独悟
ge xing du wu

　　★冰灯显然不好,时间长了它会融化。作者为什么说那灯还在他心里?
　　★俗话说贫穷出孝子,从本文中你能体会这句话的含义吗?

快乐阅读
kuai le yue du

真正的帮助 / ··· 佚 名

　　一次8.2级的地震几乎铲平了美国的小石镇,在不到4分钟的短短时间里,3万多人因此丧生!

　　在一阵破坏与混乱之中,有位父亲将他的妻子安全地安置好了以后,跑到他儿子就读的学校,然而他迎面所见的,却是被夷为平地的校园。

　　看到这令人伤心的一幕,他想起了曾经对儿子做出的承诺:"不论发生什么事,我都会在你身边……"至此,父亲热泪盈眶。面对看起来是如此绝望的瓦砾堆,父亲的脑中仍记着他对儿子的诺言。

他开始努力回想儿子每天早上上学的必经之路,终于记起儿子的教室应该就在那幢建筑物边上,他跑到那儿,开始在碎石瓦砾中挖掘搜寻儿子的下落。

当父亲正在挖掘时,其他悲伤的学生家长赶到现场,悲伤欲绝地叫着:"我的儿子呀!""我的女儿呀!"有些好意的家长试着把这位父亲劝离现场,告诉他一切都太迟了!"无济于事的""算了吧"等等。

面对这种劝告,这位父亲只是一一回答他们:"你们要帮助我吗?"然后继续进行挖掘工作,一瓦一砾地寻找他的儿子。

不久,消防队队长出现了,也试着把这位父亲劝走,对他说:"火灾频传,处处随时可能发生爆炸,你留在这里太危险了,这边的事我们会处理,你快点回家吧!"

而父亲却仍然回答着:"你们要帮助我吗?"

警察也赶到现场,同样让父亲离开。这位父亲依旧回答:"你们要帮助我吗?"然而,没有一个人帮助他。

只为了要知道亲爱的儿子是生是死,父亲独自一人鼓起勇气,继续进行他的工作。

时间一分一秒地流逝,挖掘的工作持续了38小时之后,父亲推开了块大石头,听到了儿子的声音。父亲尖叫着:"阿曼!"他听到回音:"爸爸吗?是我,爸爸,我告诉其他的小朋友说,如果你活着,你会来救我。如果我获救时,他们也获救了。你答应过我的:不论发生什么事你都会在我身边,你做到了,爸爸!"

"你那里的情况怎样?"父亲问。

"我们有33个人,其中只有14个活着。爸爸,我们好害怕,又渴又饿,谢天谢地,你在这儿。教室倒塌时,刚好形成一个三角形的洞,救了我们。"

"快出来吧!儿子!"

"不,爸爸,让其他小朋友先出去吧!因为我知道你会接我的!不管发生什么事,我知道你都会在我身边!"

 与你共品
yu ni gong pin

如果你自己都觉着没希望了,谁还能给你希望呢?不到最后,坚决不要放弃任何一丝哪怕是极其微小的希望。坚定地循着自己的希望出发,直到尽力实现这个希望。

个性独悟
ge xing du wu

★你对文中的父子之间的郑重承诺作何理解？
★读完此文后，你对心灵感应又有怎样的诠释？

快乐阅读
kuai le yue du

流星划过月桂树 / ···光 军

才华横溢的丹尼刚拿到律师资格证时，也曾是一个热血青年，那时他满怀理想，真心希望用自己所学去帮助那些需要帮助的人们。

可现实并没如他所愿。一个初出茅庐的小律师，既没有资历，也没有任何社会背景，所以有很长一段时间，丹尼都只能呆在一个贫民区里，在一间租来的简陋办公室里工作。上门的客户也多半是些付不起律师费的穷人，最重要的是这些鸡毛蒜皮的小官司根本不能让他引起圈内人的注意，更谈不上出人头地了。

渐渐地，最初的理想主义被实际生活的困窘一点一点磨灭，丹尼开始厌倦起这种寒酸的日子。

就在这时，丹尼一位富有的昔日同学来找他打一场官司，这个同学采取卑鄙手段骗取合伙人的钱财后，企图逃避法律的追究。最让丹尼心动的是，他开出了一笔可观的律师费，这笔钱可以用来改善工作环境，解决生活困境……在这些诱惑面前，丹尼以前笃信的真理和原则变得不堪一击。

官司的成功同时也为丹尼打开了一个黄金通道。此后不断有大客户上门请丹尼打一些"高难度"的官司，开出的律师费也越来越高。

开始，丹尼还有点迟疑，内心比较矛盾，可是算算因此而得到的回报，想想曾经的穷酸日子，他再也没有力量坚持什么了，因为理想毕竟不能当饭吃嘛！

很快，丹尼不仅有了钱，有了华衣豪宅，搬离了贫民区，而且还拥有了自己的律师事务所,办公室就设在城里一幢非常气派的商务楼内。

由于丹尼天资聪颖,具备良好的专业能力,所以没几年的工夫,他已经在法律界建立起了自己的地位。法庭上的他通常都是一副正气凛然状,引经据典,宏论高谈,运用非凡的智慧把对手辩驳得体无完肤。不过他一般只为达官贵人们辩护,因为那些官司不但回报丰厚,而且还能令他扬名四方。

有时,丹尼在法庭上口若悬河地对陪审团作完精彩的最后陈述,步履沉稳地往律师席走的瞬间,恍惚间还会有种上帝般的感觉。为什么不呢?法律在他的股掌中已经不再是正义的尺度,而是一根柔软的枝条,可以任凭他根据雇主开出的价钱翻云覆雨。他的巧舌如簧可以让小小法庭出现各种奇迹,改变他的那些当事人的命运。上帝能做的不也只是这些吗?

按理说,一个人能有上帝般的感觉应该是高兴事儿,可这种感觉却偏偏让丹尼非常烦恼。因为他很清楚,即便身边有许多人讨好巴结他,赞扬他,甚至崇拜他,但没有谁会真正把他当做上帝,他们都只是为了得到他的"帮助"而已。这一直让丹尼耿耿于怀。

这天,丹尼的秘书告诉他,有个社会救助基金会送来几桩请求法律援助的义务官司材料。丹尼起初想把案子推给别的律师做,可一转念,他考虑到自己正准备接任律师协会的新主席,打一桩义务官司做做秀还是有益处的。

这是一桩不太复杂的民事官司,辩护对象是一家来自西班牙的移民。对丹尼来说,这简直是手到擒来,不过为了让大家记忆深刻,他还是在法庭上做了一番慷慨激昂的表演。

走出法庭,丹尼急着去赴一个晚宴。但这时一个小男孩怯怯地尾随在他身后,低声说:"丹尼先生,您救了我们全家,我应该怎么做才能报答您呢?"丹尼停下脚步,预备将孩子打发走,可当他看见旁边那些电视台记者时,立刻改变了主意。他露出一丝柔和的微笑问道:"你叫什么呢?"孩子回答说:"阿塔斯,先生。我很想为您做点什么。"丹尼笑道:"噢,那你能做什么呢?"孩子想了想说:"我课余时间经常擦皮鞋挣外快,我擦得可棒了,也许我能为您免费擦所有的皮鞋。"丹尼没做声,他心想:擦我的皮鞋?恐怕我用的那些昂贵的保养鞋油你听都没听说过呢!他敷衍地拍拍阿塔斯的肩膀道:"谢谢你,孩子,换了别的律师也会这样做的。"

丹尼以为事情就这样过去了。但第二天下班,他发现阿塔斯竟等在他事务所的大楼外。小男孩兴奋地跑上前对他说："先生，今天我被选入教堂唱诗班了，以后我可以天天去大教堂唱圣歌。"丹尼心不在焉地"哦"了声，他已经不记得自己有多久没有进教堂了，去教堂干什么呢？只有那些不能主宰自己命运的人才会去教堂向上帝祈祷或者忏悔，而他，本身就操纵着很多人的欢乐和忧愁——至少他是这样认为的。

阿塔斯似乎粘上了丹尼，隔三差五就候在事务所外面。小男孩非常崇拜他，总希望披肝沥胆地为他做点什么。可丹尼却不乐意被一个小毛孩子纠缠不休，他是大律师，跟人谈话都要按时间收取报酬的。

终于有一天，当丹尼再一次见到阿塔斯时，他不耐烦地说："嘿，我手头有很多要紧的工作，没工夫听你唠叨那些破事儿，你为什么不让我耳根清静点呢？"阿塔斯愣了一下，有点委屈地说："先生，下个礼拜我就要正式在大教堂里唱圣歌了，我，我今天来想先唱给您听。"丹尼淡淡地说："我？不，孩子，你还是去教堂唱吧，圣歌应该唱给上帝听。"阿塔斯仰着小脸，一字一顿道："可没有人像您那样值得敬仰，我觉得您就是上帝。"

小男孩的话让丹尼怔住了。人有时很奇怪，丹尼一直期盼大家把他看做上帝，可现在阿塔斯真这么做了，他的心里却不觉生出些不安和惭愧。他问阿塔斯："你想现在就唱给我听吗？"阿塔斯摇摇头，回答道："我想带您去一个有月桂树的地方。因为在我们西班牙老家塔霍河谷的一些地方，有这样的一种说法，当流星划过月桂树，就能将小孩唱的圣歌带进遥远的天堂。"

在佛罗里达夏天的一个夜晚，丹尼跟阿塔斯来到公园里的月桂树林旁。枝叶茂密的月桂树散发着清新的香味，草丛里还有着唧唧虫语，夜空里偶尔能看见流星自树梢迅疾划过。在小男孩清纯如天籁般的歌声里，丹尼忽然伸手捂住脸，热泪顺着指缝流出来。阿塔斯有点不知所措，他轻声问道："先生，是不是我哪里做错了？"丹尼深深吸了口气，温和地拉过他道："是我错了，我放弃了人生那么多值得坚守的东西，却还一直以为自己就是上帝。"小男孩不懂，只是说："您哭了，我妈妈说过只有不幸的人才会哭泣。"丹尼望着深邃的夜空喃喃道："是的，我是如此的不幸，并且还一直以自己的不幸为自豪。"

丹尼的律师事务所依然在老地方，不过，它的大门从此向所有需要法律帮助的人们敞开着。有时，他的客户因为付不起律师费会送给他一些其他东西来表达心中的一点谢意，比如家庭主妇做的小甜饼、果园里采摘的新鲜水果、一盆盛开的鲜花，或者是农夫刚收获的玉米等等，跟这些充满感激的小零碎比起来,金钱又算什么呢？在人们眼里他从来都不是上帝,他是以自己的正直、果敢和热情赢得大家打心眼里佩服和尊重的丹尼律师——这,已经足够了。

与你共品
yu ni gong pin

我们把人生比作一场血肉的战斗。人世间充满诱惑,名利是最大的诱惑,被名利驱使,人就会成为奴隶,笃信的真理和原则就会不堪一击,人成为获取金钱的工具,也就不成其为一个真正的人了。但在人生的战斗中,怎样才称得上真正的成功呢?这篇文章一定会引起你内心的震撼和深深的思考!

个性独悟
GE XING DU WU

★在法律界青云直上的丹尼简直有点儿不知天高地厚了,具体表现是什么?

★丹尼虽然接手了一桩义务官司,但还是暴露了他内心的虚伪,表现在哪里?

★小男孩的感激之心是真诚而执着的,具体的表现是什么?

★小男孩的圣歌对丹尼起到了怎样的作用?

开出良心的处方 / · · · 佚 名

　　几十年前,王瑞锋是一家有名的私家医院的院长,当我问及他的创业史,他竟带着几分与他的年龄和阅历不相称的腼腆,向我讲述了自己的经历。

　　我最初工作的医院有一条规定,医生的工资和奖金都与业务量挂钩。在这种机制的鼓舞下,许多医生为了自己的利益,不管患者病情如何,总要你去各个辅助科室走一遭,做没有必要的化验与检查。开处方时,能用贵一点儿的药,就不开便宜的。最初,我也这么做,并没有感觉有什么不妥。直到有一天,一个农民哀伤的眼神让我看到自己卑贱、猥琐的灵魂。

　　那天,一个衣着破旧的农民走进我的诊室,我为他检查后,确定他患的只是平常的肠道寄生虫病。我正要开处方,不经意抬起头,见他正怯怯地看着我,"医生,我的病严重吗?要治得花多少钱?"

　　我一愣,开处方的手不由自主地停下来。见我犹豫,农民的脸一下子变得惨白,"钱多我就不治了,回家等死去。孩子他娘去年得子宫癌,一年多没治好,最后还是死了,欠的债至今还没还完呢。不能再因为我,让两个孩子这辈子翻不了身啊。"他嗫嚅着,眼泪顺着干枯的脸淌下来。

　　深深的愧疚啮噬着我。作为医生,本应以救死扶伤为天职,我们却为一己私利,公然违背良心与职业道德,让这些贫穷善良的人,对高额的药费望而却步。原本微不足道的小病,因得不到及时的医治而延误。十几年学医,难道就是为了中饱私囊吗?

　　那张满是褶皱的脸,让我羞愧难当,我发誓再也不开泡沫处方了。也正是这个决定,改变了我一生的命运。最初几个月,我甚至拿不到别人工资的四分之一。一年后,才渐渐有一批固定的病人。许多病人,一进门便直接找我。虽然,许多时候我看三四个病人,不如别的医生看一个病人的收入高,但那一束束信任的目光,让我体会到被人尊重的滋味,那不是钱所能买到的。

　　别的医生纷纷向院长反映,说我夺去了他们的病人。我一气之下辞职,自己开办了一家小诊所。我原来的病人,好多不惜辗转几十里路,找我给他们看病。那种被人信任的感觉，一次次激励我将诊所支撑下来。

后来，我的一位病人看重我的人品，为我投资建起市里第一家私人医院。现在我们医院招聘员工时，我都会给他们提一个要求：面对病人，请开出你良心的处方。

王院长的创业史，和德国西门子电器公司的创始人维尔纳先生有许多类似的地方。过去的一百多年里，西门子公司为世界架起第一部长途电话机，最早发明并运用发电机，研制出世界第一辆电车……这个具有传奇色彩的老人，在他晚年谈到自己的创业史时，曾经说过一句很耐人寻味的话："我的一生中，所选择的研究总是以大众利益为前提，但到最后最大的受益者却总是我自己。"

与你共品
yu ni gong pin

读完本文，你的心灵会得到净化。文中叙述王院长的创业史，王院长的自述中，蕴含着丰富的哲理：做人要讲良心，这于人于己都是极有利的。文章注重细致的人物描写，结尾的话意味深长。

个性独悟
ge xing du wu

★指出文章画线句中"泡沫处方"的具体含义。

★写出文中"让我看到自己卑贱、猥琐的灵魂"的一件事。

★结合文章内容，从怎样做人的角度设计一条"人生格言"。

快乐阅读
kuai le yue du

月亮树 / ··· 孙 也

　　苏菲热爱写作，而且求胜心切，可她的作文水平并不算好。在她幼小的心灵里，她总是非常非常地渴望老师能在全班把她的真正佳作朗读一遍，哪怕是一篇。但是老师从来没有真正地欣赏过她的作文，从未有过，尽管老师同情她，可怜她，每当老师看着她每篇认认真真构思后写下的文章，总给她下很高的评语。但苏菲清楚，如果老师真认为她写得那么好，她就会在班上朗读她的文章，而老师从未读过。要读，读的也是她写的那些滑稽可笑的喜剧性文章，并没有什么真正可取的思想性文章。这给她的感觉就好像给杂志社投稿数次，无数长稿被退回，却被选中了一则小笑话，有些让人颓废的感觉。相反的，她的好朋友米勒写的文章却总是被老师拿来朗读。米勒写的作文确实很好，让人浮想联翩。苏菲很羡慕米勒，甚至有些嫉妒，可她们仍然是好朋友，虽然有时苏菲觉得和米勒在一起有些不是滋味。

　　今天对苏菲来说，该是充满希望的一天。周末，老师布置了一篇自由作文，苏菲为此构思了好半天，才想出了一篇自认为绝佳的思想性作文，再经过精心的组织，才写下了一篇苏菲自认为"非常优秀"的佳作。今天，在她孩子的幼小心灵中，那种渴望被朗读的强烈意念像一粒树种在她的心中破土、发芽、生根，长成了一棵只待结果的大树，树的根枝牢牢地缠住了她的整个灵魂、整个躯体。一早上，苏菲都沉浸在一种无言的幸福中，因为她有必胜的信念。

　　苏菲是个内向的孩子，今早曾有个同学问她："苏菲，今天会念你的作文吗？""也许会吧！"苏菲认真地回答了这个随口而出的问题，但那个人并没有感觉到这个内向女孩的自信。苏菲终于盼来了那节企盼了一个世纪的作文课。课上,老师照例面带微笑地开始宣布朗读优秀的作文。此时,苏菲觉得今天老师笑得特别可爱,但苏菲随即又紧张不安起来,因为老师已经念了几个人的作文了,怎么还没有她的呢?可怜的苏菲不安地瞟了一眼米勒,她也是一副不安相,这对苏菲来说似是一种挑战,一种安慰。现在,老师拿起最后一本佳作,苏菲紧张得不敢抬头,只是低着头来回搓摸着她的尺子。结果是残酷的。胜者、微笑者、赢得赞誉的人是——米勒。"叭"的一声,苏菲手中的那把伴随了她 5 年写作时间的老尺子被掰断了。她想把它接好但那是徒劳的。她开始抽噎,开始痛哭,可这一切都被掌声、欢呼声、笑声淹没了。

回家路上,苏菲满脑子都是老师在她作文上的批注:态度认真,但中心不明确。这短短的 10 个字,就把她的心击了个粉碎,把她幼小心田中那棵等待结果的树拦腰砍断了。她的梦破灭了,没有了希望的心彻底绝望了。她没有了爱,她再也不去热爱写作了。可怜的苏菲的幼小心灵受到了毁灭性的伤害。不,苏菲从不让人可怜她,她是个倔强的人,她反感老师对她的同情。

在回家路上,苏菲照例去看邻居的小女孩赫斯,这是一个内向自卑的 5 岁小女孩。苏菲喜欢她,因为赫斯有些像她。赫斯 5 岁时失去了母亲,从那以后,无论父亲用什么办法,她都不再说话,不再微笑。苏菲同赫斯的父亲一样,希望她能快乐起来。终于有一天,苏菲告诉赫斯说:"人死了以后,就会去月亮上生活,妈妈会在月亮上看着你和你爸爸,让你们不孤独,让你们不受伤害,知道吗?你并不孤独。"这无疑是一个古老的美丽的谎言。赫斯那双忧郁的眼睛一下子明亮起来了,她欣喜若狂地拉着苏菲去花园,在花园中,赫斯取下了母亲给她的月亮项链,并将它种在了土壤中。苏菲明白了她的意思,她想种下月亮项链后,长出一棵月亮树,等月亮树结出了月亮,她就可以见到妈妈了。苏菲骗她,但苏菲并不难过;赫斯被她骗,但赫斯很快乐。因为她们都拥有各自的希望。

可是今天的情况不太一样了。

苏菲来到那个花园,看着赫斯有条不紊地例行每一道程序:浇水、施肥,默默祈祷……苏菲再也无法忍受,她冲过去一把抓住赫斯,赫斯那双忧郁的眼睛惊慌失措地看着她,此时的苏菲像个魔鬼,毫不留情地击碎了这个孩子的梦,她告诉她那只是一个谎言,她疯狂地告诉她,这个世界没有希望可言,人不能相信希望,希望都会被毁灭的,就像她永远不会见到她的母亲一样。赫斯抽噎、痛哭……苏菲从地下挖出那串项链扔到地上,她哭得更凶了。

晚上,心灰意冷的苏菲听着外面的暴雨声,决定从今以后不再写作了。可她心里又总在惦念着什么:"哦,是赫斯的影子,我的赫斯现在是什么样的心境呢?赫斯,我只是要你别像我一样为希望而生活,希望是不可能都实现的。你要懂得希望越多失望越多。哦,赫斯,我要去看看你。"

苏菲淋着暴雨,走在花园小径上,明知不会看到那只受伤的"小鹿",却还是向月亮树那儿走去。苏菲眼前突然一亮,一个令她震惊的景象映入眼帘:赫斯正守卫着她的月亮树种子,用小雨伞为它挡风雨。她的衣服早已淋湿,可她却跪在那里虔诚地祈祷着,执着地为一个不可能实现的希望祈祷着。

苏菲看着这一切,泪流满面,她醒悟了,她立刻向树苗出售店奔去……

第二天,苏菲坐在桌前,像往常一样认真地写着她所热爱的作文,内容是关于米勒的。这时,楼下花园里传来了一阵喧闹声,苏菲分明地听见一个小女孩的呼喊声:"爸爸!爸爸!快下来,月亮树长起来了!"苏菲心中一片激动与幸福,对她与赫斯说,这是一个充满了希望的世界。

与你共品
yu ni gong pin

　　"我"紧张地等着老师读作文,可结局是残酷的,"我"的希望被现实击碎了,"我"把自己的满腔怒气迁怒到一位无辜的小女孩身上。击碎了那小女孩的希望。在暴雨之夜,我突然醒悟:向树苗出售店奔去。故事虽然简单,但却十分地动人。我们每个人都应该有棵月亮树,只有这样世界才会在希望和想象中越变越美丽。

个性独悟
ge xing du wu

★苏菲一心一意地盼着老师念自己的作文，赫斯虔诚的期待月亮树结出月亮，这两幅画面，演绎得精致而唯美。温润而跳动，你认为有怎样心灵的人才能写出如此美文？

★作者其实写了两个故事，是哪两个故事呢？他们之间是什么关系呢？作者写这两件事的用意是什么？

★怎样理解"苏菲骗她，但苏菲并不难过；赫斯被她骗，但赫斯很快乐，因为他们都拥有各自的希望"？

★今天的苏菲为什么发了疯一样？而后苏菲为什么又醒悟了？自己的希望破灭了，就一定要使别人的希望也破灭吗？你怎样看这一问题？你认为一直骗赫斯和戳穿这谎言哪个更残酷，为什么？

作文链接
zuo wen lian jie

快乐的暗香／···蒲冬霞

看着暖暖发过来的 E-mail，我暗自摇了摇头。我说，暖暖啊，你不懂的，我就像一条缺氧的热带鱼，孤独游弋在蓝色的海底。一颗寂寞的灵魂让我的生活早就溺了水，我的世界任何人都走不进来的。

喜欢看书，喜欢听歌，喜欢坐在电视机前看疯狂的足球比赛，歇斯底里地叫着意大利 10 号托蒂的名字直到筋疲力尽，狠狠地再狠狠地喝上一罐百事可乐直到呛了一口。这就是我。一株迷离的花，扎根在这座城市阴湿的泥土里，郁郁成长。闲暇时我总爱写字，那是一种释放的方式。记得暖暖第一次看完我的文章后，就在 E-mail 上写道：

"看得出你很忧郁。《玻璃樽》有句话说得好：哪里都有美丽的太空，就看你有没有用心去发现。那女主人公可以把每天的烦恼放进漂流瓶送走,你又何尝不可呢?快乐起来,好吗?"

为了这句话,我决心结交暖暖这个朋友,也许暖暖正如她的名字一样可以暖化我这颗仿佛要冻结成冰的心。暖暖很健谈,总是在言语间传递一份欢乐。其实我明白:冬天就要过去,夏天总会来临的。

我选择在今年夏天跟暖暖见面。

走进暖暖打工的那家咖啡店,远远的就看见她挂着一脸微笑,安详地在磨咖啡豆。她抬头看见我,大声招呼我过去。我走到了她跟前。"想喝点儿什么?"她问,"要一杯 cappcuino 吧。"我们就像一对熟悉已久的老朋友般聊了很多,似乎彼此都不陌生。这是我所意外的,也是让我欣慰的。

"好了,可以喝了。"她送给我一杯热气腾腾还弥漫着桂圆的香气的 cappcuino。我看见上面漂着一行巧克力粉写的小字"brave"(勇气)。我怔了怔,望着一脸笑意的她,眼中顿时蒙上一层热雾,被人关怀的滋味真的很好。我喝了下去,可以感受到一股热气伴随着一股动力在我心中袅袅散开……

我开始开朗起来,比起从前判若两人。数月后想起来还有一种恍如隔世的感受。唯一清晰的是那个叫暖暖的朋友,提醒我现在的快乐时光和那杯让我心中充溢着勇气的咖啡,如此的温暖。

很感谢暖暖,虽然现在她已经在新西兰开始了她的留学生涯。

【简 评】

本文语言流畅,抒情色彩浓厚,读来犹如一个亲切的声音在喃喃耳语。"一颗寂寞的灵魂""感受到一股热气",作者亲身体验"被人关怀的滋味真的很好",所以才有写作的冲动。文章结构较为精巧,先对"心灰意冷"的心境进行渲染,为"暖暖"的出场作铺垫,正是这样的情境中,暖暖的友情才更值得珍惜。行文简约,结尾的倒置句,更是言简而意丰。

开出良心的处方

对不起，我……/··· 朝花夕拾

　　事隔已久，但至今想来，不禁深感愧疚。本应是一段美好的友谊，为何如此一波三折？

　　小学里，一位高高的、瘦瘦的女孩，她家境贫寒，没有漂亮的头饰，没有像样的书包，甚至没有一套合体的衣服，且成绩又不好，因而没能得到过同学的友谊。不知何时，她走向了我，伸出了一双渴望友谊的手。她的手微微颤着，眼中充满了一线希望。"她应是我的朋友"，一个念头从我脑中闪过，我毫不犹豫地抓住了她的手，冲她一笑，让她坐在我身边。

　　从这以后起，我心中像多了一种恐惧——怕同学看见我与她在一起。好多次，她靠近我，我会很本能地逃避。终于有一次，让我的另一位朋友看见了。那天他对我说："这种人很脏的，没人肯碰的；还传出了许多关于她身世的流言，你还是趁早离开她，免得你也让人看不起。"我明知这只是片面之词，却不知怎的被吓怕了。

　　渐渐地，我疏远了她，她也不再主动靠近我。每次看到她，会发现她眼里已没有那一丝渴望，只是茫然的。

　　一天早上，进校门，我碰上了她。我心血来潮，朝她大声喊："Hello!"她似乎很惊讶，很久才挤出一句："Hi!"她的牙齿在打架，两眼直直地望着我，又出现了那一丝渴望。然而我并不敢明目张胆地与她并肩走，刻意地走在她身后。"哎，你走快一点儿呀。"她显然发觉了不对劲。"唔。"我不敢抬头，眼睛直盯着自己的鞋子。她似乎看出了我的心思，一个人先跑向了教室。

　　我进教室时，她已在了，正低着头，趴在桌子上。一会儿，我听到了抽泣声。啊，分明是她在为我的无情而伤心。这时，几十双眼睛朝她看，而我却没有，我怕我异样的眼神惹起别人的议论。就这样，她一直哭，而我，始终没能朝她看一眼，更别提去安慰她了。

　　那次风波以后，我碰到她，不敢再正眼望她，只因我怕看到她那失望的眼神，往往连招呼也不打一个就擦肩而过。

　　如今，她已到农村去了，也许那儿她会有许多朋友。几年了，我没见到她，直到上个月在花市上，见到她在卖花。她又朝我望了一眼，微微一笑。然而笑得是那么的不自然，从她的眼中我仍是找到了迷茫。我是多么想对她说声"对不起",但我又没有,还是怕被别人议论。

今天,我再也不能忍受,我要说出来,我要向她道歉。走自己的路,让别人说去吧。不管他们怎么说,我今天要用自己的一颗最诚挚的心,向她说一声:"对不起!"(虽然这只是连小娃娃都会说的。)

【简评】

儿时的友谊,是纯真美好的。然而,"我"因为虚假、世俗,把纯洁的友情埋葬,憋在心中的"对不起",将会被世俗压抑得永不开口。这件事也告诉我们,人应该珍视友谊,具有同情心。这也正是文章立意值得称道之处。

难忘的一次主题班会 / ···王婧兰

"1+1=?"……老师在黑板上写下了班会的标题。同学中立刻有人说开了俏皮话:"嘻嘻,拿谁当幼儿园大班呢!""这不是那个希望工程,'1+1=2(爱)'!"司空见惯的班会,大家早就不以为然了。然而,当三个朝阳地区的辍学孩子当真站在我们面前时,我们却谁都笑不出来了。

托尔斯泰说过:"幸福的家庭是相似的,不幸的家庭却各有各的不幸。"

在这里,稚嫩的童音为我们讲述了三个浸满辛酸泪水的曲折经历。"爹死得早,妈病着,家里没有钱……""俺爹娘离婚了,俺是跟姥姥长大的,她老人家已经70岁了……""爸爸残废了,娘一个人干活,她好累,好累……"也许是由于经历过,就不觉得什么,孩子们清晰而平缓地叙述着。

这句句话语,却猛然地敲击着我的心,不知不觉地已是泪流满面。岁月啊!你过早地磨炼了他们这几棵破土的幼苗,可我们这些暖房里的花朵呢?只听到门外的萧萧风吼,就已经是心惊胆寒了。

三个孩子讲完了,班里一片沉寂,偶尔传来几声隐隐的啜泣。老师站了起来:"同学们,现在我仍想问这个问题,一加一等于几?"我们抬起头,却面面相觑,我们实在回答不出这道难题。老师看了看我们,用鼓励的语调说:"来,让我们努力求出我们所能达到的最大值!"说罢,她把手中的 200 元钱塞入了准备好的捐款箱。看到老师的举动,我们如梦初醒:对呀,我们怎么没想到,辍学的孩子们需要的不仅仅是同情。大家一拥而上,争先恐后地挤向捐款箱。平时购零食买贺卡,顺手就掏钱的我们,如今面对这三个孩子,面对这小小的捐款箱,脸上一阵阵发烧,都感到塞到那里的钱太少、太少了,如果我们在大把大把花钱时能想起他们……

"我捐二十!""我捐四十!""我捐……"叫喊声还在此起彼伏。三个孩子感动得小脸通红,不知说什么才好。老师按下录音机,从那里飘来令人难忘的旋律:"一个篱笆三个桩,一个好汉三个帮……"

从小学一年级就开始参加各种班会,欢歌笑语常相伴,唯有今天泪如泉涌。与其说是受到一次震动,不如说是净化了一次心灵。面对三个孩子那渴求知识的双眼,我平生第一次意识到了我所拥有的一切是多么值得我珍惜!这种感觉,我将视为珍宝,珍藏毕生。

【简 评】
jian   ping

以班会为主题,将人间的友情、同情心上升至爱心,是一次灵魂的洗礼。以往的班会充满欢声笑语,而本次班会却是泪如泉涌。作者恰当地运用了议论和抒情的方式,表达了自己心灵的震撼、心灵的净化、思想的升华。

真

情谊卷

情演绎

今后我会在口袋里多放一元钱，以便继续传递不需要理由的帮助。

　　你抬起头来眺望群山，目光随着驼铃声在大山那里消失，看到起伏的山脊线那边，有无数的蜻蜓从霞光的深处飞来。在你的逆光的视野里颤抖出万片金光，刹那间撒满了寂静天空——这是更大的一扇家门向你洞开，更大的一个家族将把你迎候和收留——只需要你有新的语言来与骨肉相认，需要你摸抚石块或树梢的问候。你知道。

亲近自己的双腿 / ··· 罗伟章

　　应朋友之约,去他家议事。这是我第一次上他家去,朋友住在城南一幢别墅里,乘公交车去,下车之后,紧走慢赶,也要 40 分钟。这么长的路,怎么走啊?我顺手招了一辆人力三轮车。朋友事先在电话中告知:若坐三轮,只需 3元。为保险起见,我上车前还是问了价。"5 元。"车夫说。"5 元?不是说 3 元吗?"我不想坐,可四周只有这辆三轮车。车夫见我犹豫,就说:"上车吧,就收你3 元。"

　　车夫一面蹬车,一面以柔和的语气对我说:"我要 5 元其实没多收你的。"我说:"人家已经告诉我,只要 3 元呢。""那是因为你下公交车下错了地方,如果在前一站就只收 3 元。"随后他立即补充道,"当然我还是收你 3 元,已经说好的价,就不会变。我是说,你以后来这里,就在前一站下车。"他说得这般诚恳,话语里透着关切,使我情不自禁地看了看他。他穿着经营人力三轮车的人统一的黄马甲,剪得齐齐整整的头发已经花白了,至少有 50 岁的年纪。

　　车前行着,我总觉得有点儿不大对劲,上好的马路,车身却微微颠簸,不像坐其他人的三轮车那么平稳,而是向前一冲,片刻的停顿之后,再向前一冲。我正觉奇怪,突然发现蹬车的人只有一条腿!他失去的是右腿。一截黄黄的裤管,挽一个疙瘩,悬在空中,随车轮向前"冲"的频率前后晃荡着。他的左腿用力地蹬着踏板,为了让车走得快一些,臀部时时脱离坐垫,身子向左倾斜,以便把所有的力量都集中在左腿上。

　　我猛然间觉得很不是滋味,眼光直直地瞪着他的断腿,瞪着悬在空中前后摇摆的那截黄黄的裤管。我觉得我很不人道,我刚30岁出头,有130多斤的体重,体魄强壮……我的喉咙有些发干,心里被一种奇怪的惆怅甚至悲凉的情绪纠缠着,笼罩着。我想对他说,不要再蹬了,我走着去。我当然会一分不少地给他钱,可我又生怕被他误解,同时,我也怕自己的做法显得矫情,玷污了一种圣洁的东西。

前面是一带缓坡,我说:"这里不好骑了,我下车,我们把车推过去。"他急忙制止:"没关系,没关系,这点儿坡都骑不上去,我咋个挣生活啊?"言毕,快乐地笑了两声,身子便弓了起来,加快了蹬踏的频率。车子遇到坡度,便倔强地不肯前行,甚至有后退的趋势。他的独腿顽强地与后退的力量抗争着,车轮发出"吱吱"的尖叫,车身摇摇晃晃,极不情愿地向前扭动。我甚至觉得这车也是鄙夷我的!它是在痛恨我不怜惜它的主人,才这般固执的吗?车夫黝黑的后颈上高高绷起一股筋来,头使劲地向前耸,我想他的脸一定是紫红的,他那被单薄的衣服包裹起来的肋骨,一定根根可数。他是在跟自己较劲,与命运抗争!

坡总算爬上去了,车夫重浊地喘着气。不知怎么,<u>我心里的惆怅和悲凉竟然了无影踪了</u>。我在为他高兴,并暗暗受到鼓舞。在我面前的,无疑是一个强者,他把路扔在了后面,把坡扔在了后面,为自己"挣"来了坦荡而快乐的生活。

待他喘息稍定,我说:"你真不容易啊!"他自豪地说:"这算啥呢!今年初,我一口气蹬过80多里,而且带的是两个人!""怎么走那么远?"我问。"有两个外国人来成都,想坐人力车沿二环路走一趟,看看成都的风景,恰巧坐了我的车。途中,他们想换车,以为我会半路出丑的,没想到,嘿,我这条独腿竟然一口气蹬到底!"

我不知道该说什么好,既心酸,又豪迈,是那种近乎悲壮的情感。不由自主地,我又看着他那条断腿。我很想打听一下他的那条腿是怎么失去的,可终于没有问,事实上,这已经无关紧要了。这条独腿已经支撑起了他的人生和尊严,这就足够了。

别墅到了。我下了车,给他5元,他坚决不收。"讲好的价,怎么能变呢?你这叫我以后咋个在世上混啊!"我没勉强,收回了他找给的两元钱。

返回时,我徒步走过了那段40分钟的路程。我从来没有与自己的两条腿这般亲近过,从来没有觉得自己的两条腿这般有力过。

与你共品
yu ni gong pin

　　本文记叙了一位勇于与命运抗争的独腿车夫的传奇经历。高度赞扬了老车夫不屈不挠、诚恳守信的人格。作者用朴实的语言、真挚的情感,细细地刻画了车夫蹬车的艰难。这一点值得我们学习和借鉴。

个性独悟
ge xing du wu

　　★第三段画线句"我正觉奇怪"中,"我""奇怪"的是什么?

　　★第四段中的省略号省略的是"我"的心理活动。请联系上下文,把"我"心里想的内容写出来。

　　★第五段中加点词语"挣生活"的意思是什么?从语言特点看,在第五段中有不少富有表现力的精彩语句。写出你最欣赏的一句,并陈述理由。

　　★第六段的画线句"我心里的惆怅和悲凉竟然了无影踪了",起先纠缠着、笼罩着"我"的惆怅和悲凉,为什么到此时"竟然了无影踪了"呢?

　　★从全文看,文题《亲近自己的双腿》的含义是什么,能不能把题目换成"独腿人生"? 为什么?

那一刻，读你的清纯如水

一元钱的故事 / ··· 古华城

一天，我参加了一家电视台创意的一个游戏。游戏内容是我身上没带一分钱，但我得去乘一辆公共汽车，车票的价格是一元钱，我要想办法"借"到一元钱。游戏的方式是由我在前面借钱，电视台的摄像机在后面跟踪偷拍，实录下我在这个游戏中可能遭遇的种种场景。

我到了公共汽车站，犹豫了好久，才鼓起勇气对一位大伯说："大伯，我的钱包被人偷走了，能借我一元钱坐公共汽车吗？"大伯头也不抬地说："你们这种人我见得多了，现在到我这儿来讨一元钱，转个身又到别人那儿讨一元，一个月下来，你们的收入比我的工资还要高呢。可恶！"

大伯显然将我当成了职业乞丐，我一下子张口结舌，什么话也说不出来，第一个回合就这样败下阵来。我深吸了口气，准备第二次冲锋。

这次，我看准了一个慈祥的大妈。我红着脸上去搭讪："大妈，我的钱包被人偷走了，我现在身上一分钱也没有了，您能不能借我一元钱让我坐车回家？"大妈仔细看了我一眼说："年轻人，我看你表面还像个知识分子，你应该去做一些体面干净的事情，年轻人要学好，你的路还长着呢，别一天到晚动歪脑筋。我现在可以给你一元钱，但我怕你以后明白了事理，要找后悔药吃时，你就会骂我，因为就是像我这样的人心慈手软，才一步步纵容了你的堕落。"

听着大妈的教诲，我找不着可以回答的话语，我想这不能怪大伯大妈，他们一定经历了太多这样的遭遇了。不过大妈的话倒提醒了我，说我像知识分子，我可以说自己是个大学生，也许更能博得同情。

一位打扮时髦的小姐走了过来，我迎上去："小姐，我是个大学生，今天出门时忘了带钱包，你能借我一元钱让我乘车回学校吗？"小姐像受了惊吓似的，猛地后退几步满脸疑惑地盯着我。她可能将我当成一个骚扰女孩的无赖，她像过雷区似的，在我身边画了个半圆，然后迅速地跑到了车站的另一头。

三个回合都以失败告终，我有些心灰意冷。我回头看时，电视台的摄像师却一个劲地向我伸出大拇指，那是我们事先约定的暗号，意思是我得继续下去。显然,我的失败正在他们的意料之中,这样的尴尬场面对旁观者来说,说不定正像一道精美的大餐呢。

一位小朋友走近公共汽车站,我想这是我最后的试验了。我不想说钱包、大学生之类的谎言了,我走过去,很客气地说:"小朋友,能借我一元钱乘公共汽车吗?"小朋友马上从口袋里掏出一元钱递了过来。这下轮到我惊讶了,没想到小朋友竟然什么都没有问,就把钱给了我。

呆了好久,我才问小朋友:"你为什么要帮助我呢?"小朋友顺口就说:"因为你没钱乘车呀。老师说过,帮助是不需要理由的。"

霎时,一股暖流从我心里流过。

在节目结束的时候,主持人补充采访了我一个镜头,问参加这样一个游戏对我的人生观有什么影响。我的回答是:今后我会在口袋里多放一元钱,以便继续传递不需要理由的帮助。

 ## 与你共品
yu ni gong pin

本文记叙了作者一次奇特的"借钱"经历。作者通过四次向人借钱的经过,反映了一些社会问题:善良的帮助不仅没有使一些品德不良者有所觉悟,反而助长了他们不劳而获的念头。同时作者更希望人与人之间应多一些真情。

个性独悟
ge xing du wu

★文中的大妈说:"就是像我这样的人心慈手软,才一步步纵容了你的堕落。"谈谈你对这句话的理解。

★"今后我会在口袋里多放一元钱"中一元钱是实指还是虚指?为什么?谈谈你对这句话的理解。

★你能根据自己的生活经验,设计一场"我"向其他人借钱的遭遇吗?

★故事的结局多亏了一位小朋友的无私援助,生活中还会有其他什么人吗?请根据原故事情节和题旨,设计另外一种结局。

那一刻，读你的清纯如水

快乐阅读
kuai le yue du

温馨的风 / ···韩少华

　　我从青岛乘船去上海。起锚了。人们挤到甲板上，告别那退入岚霭中的半岛之城，也享受着大海所款待的清爽的风浴，兴致很高。我，却双腿痛得难耐，只得回舱，倒在铺位上；刚拿出本《收获》来，没看几行，竟睡着了。等进餐铃响了，我醒来正要下铺——"对不起，同志，"一声带着胶东乡音的招呼，从上铺传下来；随后，一只肤色黝黑却还稚嫩的手臂，把我那本杂志递还下来，"你睡着了，杂志滑到地板上；我拾起来，也没经你允许，就……"几乎同时，探出一张微黑的娃娃脸儿来；那两颊歉然地漾出一对浅浅的笑涡儿……

　　我，愣了。瞬间，心头涌来一种奇异的感觉：我与他，分明是素不相识，却怎么如同面对一个历经劫难、久别重逢的友人？——生疏而又熟稔，凄切而又温存……这感觉，又分明只来自陌生少年随口说出的那两句真挚而彬彬有礼的话语；可这，为什么竟使我如此动情呢？一时间，真还说不清楚……

　　几天之后，我到了烟水空濛的西子湖滨。在飞来峰下的壑雷亭里，一边聆听着栏外如雷的涧音，一边欣赏着杯中碧荷似的茶色，惬意得很。而拾级进入灵隐寺大雄宝殿，见那尊高 19.6 米、通体用香樟雕成的金漆如来佛像，竟幸免于浩劫，我惊喜极了。盘桓良久，才觉双膝又隐隐作痛。出了寺门，微风挟来了细雨。赶到四站，唉，忘了朋友们提醒的江南雨多，"晴带雨伞"了。正想着——嗯？这雨，怎么停了？……一抬眼，只见头上撑着把青布伞，给我让出了半面，正替我遮着越来越密的雨丝。啊，那为我撑着伞的是个瘦小的女孩子。我正要道声谢，她却侧过脸，张望着车站调度台那边，微皱着眉头。这时候，我才见她那天蓝色上衣后领窝下面,印着一块呈钝角形、色泽略深的痕迹——该是红领巾留下的纪念?我又正要说声谢,车来了。她转过头来,仍举着伞,对我笑笑,示意我上车;我上来了,她却仍留在站台上,微笑着目送我……

车开动了。我只能使劲儿挥着手,向那位小朋友告别……唔,一个风湿病患者,免遭一场淋漓之苦,这意味着什么,我清楚。然而我暗暗自责,竟连个谢谢都没道,就……我望着那隐入雨幕中的瘦小的身影,如同一种极堪珍爱的东西,失落许久,竟又得之于意外那样,一种惊喜、宽慰,又渗着些辛酸的感觉,顷刻充满了心窝;而这令我如此动情的,又是什么?一时也还说不清楚……

告别西湖,到了黄山。倒不是什么禅宗真谛感召了我,而是自己惑于徐霞客那句"五岳归来不看山,黄山归来不看岳"的名言,才不顾自己的风湿病痛来登黄山的。我采取了"蜗牛"战术,一步一步地,居然蹭到了以险闻名的"小心坡"。正得意呢,忽地一阵山风横闯过来,手中提包也在狂风中晃起来,我正在进退两难之际,"给!"随着一声有点儿命令味道的招呼,凭空里伸过一根山藤手杖来。霎时间我恢复了平衡。我定了定神,哦,是个二十五六岁年纪的小伙子。他操着浓重的关中口音笑笑说:"咱来它个'两个和尚抬水吃',咋样?"我也笑了。得,不仅负担轻了一多半,还遇见个出色的向导。小伙子说,因工作关系,他这是四访黄山了。一路上,山形树态,掌故传说,他都描述得真切切、活鲜鲜的。到了玉屏楼,他虽谈兴正浓,却见我显然无力再走,就忙着帮我把住处安顿好了。临别,他把那藤杖塞给我,又笑着说:"有句老戏词说:'三条腿总比两条腿轻省'。你腿脚不济,先拄着吧。本该送给你;可这是我捎给西安我老娘的。你下了山,就把它寄存在汽车站服务台,那里人跟我怎熟的。放心好哩……"

我,又愣了。一直目送着他径自迤逦而去的背影。这时候,我才看清手中这藤杖,简直是一件取自天然、成于工巧的艺术品!这是远游赤子准备下的敬老的礼物啊!而他,竟慨然交付给一个陌路人,做缓痛应急之需……我捧着藤杖,遥望他的去路,已是"空山不见人"了,此刻,我的心反倒平静下来。虽然,心头那异样的、温暖的感觉,仍然难以名状。

山中的夜,静得很。可我,却失眠了……

这次江南之行,苏堤柳色,鼋渚波光,固然怡神悦目;而更让我动情的,则是从不少年轻人身上反映出的心灵的美。啊,那船舱内胶东少年片言之礼,古寺前那江南少女的半伞之助,还有,这山路上关中小伙子的一杖之谊,究竟该如何估量?我心头的感受,又该怎样描摹呢?

近午时分,我经蒲团松下,绕莲花峰脚,到了有名的散花坞。啊,好一片花

那一刻，读你的清纯如水

涛香海。丽日当空，迎面缓缓送来一阵温煦而芳馨的风。那风，直扑到我怀里，一路疾苦，简直爽然若失了。猛地，心头一动：途中那几次难以名状的感觉，似乎只有这温馨的风，才略可比拟。记得唐人有"暖风医病草"的句子。莫非我这受了病的草木之心，在人们心灵间交汇着的这暖风中，也有些疗救的希望？

与你共品
yu ni gong pin

　　韩少华，1933 年生于北京，中国作家协会会员。创作了许多文学作品，以散文为主，兼及报告文学和小说。主要作品有《韩少华散文选》《暖晴》《碧水悠悠》等。

　　本文赞扬了三位年轻人，赞扬他们彬彬有礼、乐于助人的高尚品德。文章有情有景，以景喻人，歌颂了新时期年轻人的新风尚。

个性独悟
ge xing du wu

　　★本篇记叙了几件事？请用最简单的几个字概括这几件事。

　　★为本篇分段并不难，有哪些"语言标志"提示你段落该从这里切分？

　　★找出文章中足以概括全篇内容的话，在这段话之后，作者是如何进一步深化其中所包含的深意？至此你是否明了文题的含义？

　　★作者在叙述每件事之后，都结合议论抒发感情。请将这些抒情句串联起来体会作者的感情脉络。

真情演绎

跟陌生人说话／···刘心武

　　父亲总是嘱咐子女不要跟陌生人说话,尤其是在火车、大街等公共场合。母亲对父亲给予子女们的嘱咐总是随声附和,但是在不跟陌生人说话这条上却并不能率先履行,而且,恰恰相反,她在公共场合,最喜欢跟陌生人说话。

　　有一次,我和父母回四川老家探亲。在火车上,同一个卧铺间里的一位陌生妇女问了母亲一句什么,母亲就热情地答复起来,结果引出更多的询问,她也就更热情地絮絮作答。我听母亲把有几个子女,都怎么个情况,包括我在什么学校上学什么的,都说给人家听,急得我用脚尖轻轻踢母亲的鞋帮,母亲却浑然不觉,乐乐呵呵一路跟人家聊下去。母亲的嘴不设防,总以善意揣测别人,哪怕是对旅途中的陌生人,也总报以一万分的友善。

　　有年冬天,我和母亲从北京坐火车到张家口去,坐的是硬座。对面有两个年轻人,面相很凶,身上的棉衣破洞里露出些灰色的棉絮。没想到,母亲竟去跟她对面的小伙子攀谈,问他手上的冻疮怎么也不想办法治治,说每天该拿温水浸它半个钟头,然后上药。那小伙子冷冷地说:“没钱买药。”还跟旁边的小伙子对了对眼。我觉得不妙,忙用脚尖碰母亲的鞋帮。母亲却照例不理会我的提醒,而是从自己随身的提包里摸出一盒如意膏,打开盖子,用手指剜出一些,要给那小伙子手上有冻疮的地方抹药膏。小伙子先是要把手缩回去,但母亲的慈祥与固执,使他乖乖地承受了那药膏,一只手抹完了,又抹另一只;他旁边那个小伙子也被母亲劝说得抹了药。母亲一边给他们抹药,一边絮絮地跟他们说话,大意是这如意膏如今药厂不再生产了,这是家里最后一盒了,这药不但能外敷,感冒了,实在找不到药吃,挑一点用开水冲了喝,也能顶事……末了,她竟把那盒如意膏送给了对面的小伙子,嘱咐他要天天抹,说是别小看了冻疮,不及时治好,抓破感染了会得上大病症。她还想跟那两个小伙子聊些别的,那俩人却不怎么领情,含混地道了谢,似乎是去上厕所,竟一去不返了。火车到了张家口,下车时,站台上有些人骚动，只见警察押着几个抢劫犯往站外走。我眼尖，认出里面有原来坐在我们对面的那两个小伙子。又听有人议论说，他们这个团伙原来是要在 3 号车厢动手，什么都计划好了的，不知为什么后来跑到 7 号车厢去了，结果事情败露被逮住了……我不由得暗自吃惊：我和母亲乘坐的恰好是 3 号车厢。看来，母亲的善良感动了那两个抢劫犯，他们才没对我们下手。

母亲晚年有段时间住在我家，有时她到附近街上活动，那跟陌生人说话的旧习依然未改。街角有个从工厂退休摆摊修鞋的师傅，她也不修鞋，走去跟人家说话，那师傅就请她坐到小凳上聊。他们从那师傅的一个古旧的顶针聊起，俩人越聊越近；原来，那清末的大铜顶针是那师傅的姥姥传给他母亲的，而我姥姥也传给了我母亲一个类似的顶针。聊到最后的结果，是那丧母的师傅认了我母亲为干妈，而我母亲也把他带到我家，俨然亲子相待。我和爱人孩子开始觉得母亲多事，但跟那位干老哥相处久了，体味到了一派人间淳朴真情，也就都感谢母亲给我们的生活增添了丰盈的乐趣。

现在父母去世多年了。母亲和陌生人说话的种种情景，时时浮现在心中，浸润出丝丝缕缕的温馨；但我在社会上为人处事，仍恪守着父亲那不跟陌生人说话的遗训，即使迫不得已与陌生人有所交谈，也一定尽量惜语如金，礼数必周而戒心必张。

前两天在地铁通道里，听到男女声二重唱的悠扬歌声，唱的是一首我青年时代最爱哼吟的歌曲，那饱含真情、略带忧郁的歌声深深打动了我。走近歌唱者，发现是一对中年盲人，那男的手里捧着一只大搪瓷缸子，不断有过路的人往里面投钱。我在离他们很近的地方站住，想等他们唱完最后一句再投钱。他们唱完，我向前移了一步，这时那男士仿佛把我看得一清二楚，对我说："先生，跟我们说句话吧。我们需要有人说话，比钱更重要啊！"那女的也应声说："先生，随便跟我们说句什么吧！"

我举钱的手僵在那里，心里涌起层层温热的波浪，每个浪尖上仿佛都是母亲慈爱的面容……母亲的血脉跳动在我喉咙里，我意识到，生命中一个超越功利防守的甜蜜瞬间已经来临……

与你共品
yu ni gong pin

　　本文有明、暗两条线索,明线是母亲跟陌生人说话;暗线是"我"对母亲跟陌生人说话从不理解到理解的过程。本文写母亲,选取了三个材料表现中心,一是在回四川老家的火车上,母亲与一位陌生妇女热情地谈话;二是有一回坐火车时,母亲的友善、帮助感动了抢劫犯中的两个小伙子;三是母亲与街角修鞋师傅真诚相待。在母亲的影响下,我最终也感悟了人与人之间的真情。

　　其实,我们很容易看出作者想要表达的是对超越功利、互相信任、真诚相待的人际关系的呼唤和渴望。人生之路漫长曲折,需要我们相依相偎,患难与共,携手共度。我们不要人为地构筑墙,我们要拆掉横亘在你我之间的可恶的障碍物。

个性独悟
ge xing du wu

　　★用简洁的语言概括文中所写的母亲跟陌生人说话的三个事例。

　　★"我"在跟陌生人交谈时,是如何设防的?请用文中的三个四字词语概括。

　　★本文有明、暗两条线索,请分别写出来是什么。

　　★读罢此文,你觉得作者试图表达一种什么样的感情,或是说渴望什么?请简要地述说一下。

　　★结尾一段中的"僵"和"涌"这两个词用得很形象,很生动,试加以分析。

那一刻·读你的清纯如水

快乐阅读
kuai le yue du

谢 谢 /··· 张晓风

上

你——

我要跟你说一个故事,真的故事。

有一个大夫,是一个极优秀的外科医生,也是一个成功的医院副院长,但有一天,他得了癌症,死了。

那些经他照顾过的,那些曾蒙他在开完刀的病床旁陪睡过的,那些接受了他免费的医疗的,他们都会怎么想呢?

有人悲愤地仰天而问:

"天理何在?"

而那医生自己的生命却由激流而归为止水,在他面临死亡的半年之间,渐渐澄静下来,美丽得有如平湖秋月。一幅《耶稣肩羊图》挂在床头,一幅《大彻大悟》的书法挂在床对面,前者代表他感情上的安详宁静,后者说明他理智方面的清澈澄明,两幅书画间,他无惧地死去。

他最后想写一篇文章,由于体力不支而没能写出来,他的题目是《感谢》。

如此的病体支离,如此的英年早逝,但对人世他只有最后的一句话:

"谢谢。"

我深爱那两个字,那是人类共有的最美丽的语言。

浮浅的人也许会把"谢谢"解释为"应酬话",从小家教甚严的人也许已经训练到把"谢谢"当口头语来说而毫无感觉。但只有一个一生兢兢业业的人,走尽了人生的末程,深情地回顾所曾行过的一站站风雨晴露,想起上天的恩惠和同行者的徘徊顾恋之意,驻足道旁,哽咽地说一句"谢谢",这种"谢谢"才是令人五内惊动的。

最近,我们送一对重病的传教士夫妇回美国,他一生都在中国,他衰弱极了,他快烧尽了,他这一去,我再也听不到他好听的扬州话了。从19世纪,到20

世纪,他们父子相承,和中国的土地结上了那么长远的缘。

说什么呢？对于这样的厚德。

我在小卡片上这样写：

"感谢你——因为为我们带来了上帝,

谢谢上帝——因为为我们带来了你。"

一声谢谢是说不尽的盛意,道不完的感恩。"谢谢"两字是如此端凝肃穆,像海岬日出,单纯平实又撼天摇地。

凡不肯说谢谢的人,是一个骄傲冷横的人,他觉得在这世界过的是"银货两讫"的日子。他是工商业社会的产物,他觉得他不欠谁,不求谁,他所拥有的东西都是他该得的,所以他不需要向谁说"谢谢"。

但我知道,我并不"该"得什么,我曾赤手空拳来到这个世界,没有人"该"爱我,没有人"该"养我,没有人"该"为我废寝忘食,出入携抱。我也许缴了学费,但老师那份关怀器重我买得到的吗？我也许付了米钱,但农夫的辛劳岂是我那一点钱报偿得了的？

曾有一个得道的人说：

"日日是好日！"

用现代语言表达,我要说：

"每一天都是感恩节。"

不是在生命退潮的黄昏,而是现在,我要学习说"谢谢"。

下

你——

让我再重复那两个神奇的叠音："谢谢。"

而在世风日薄的今日,我们越来越少发现涌自内心的谢意,不管是对人的,还是对天的。

《风俗通》里引邵子击壤的句子这样说：

"每日清晨一炷香,谢天谢地谢三光。"

其实,值得感谢的岂止是天、地、日、月、星辰？天地三光之上的主宰岂不更该感谢。

在这个茫茫大荒的宇宙中,我们究竟曾经付出什么而可以这样理直气壮地坐享一切呢?我们曾购买过"生之入场券"吗？我们曾预订过阳光、函购过月色吗？对于我们每一秒钟都在享用的空气,我们自始至终曾纳过税吗？我们曾喝过多少水？那是出于谁的布施？

然而我们不肯说谢谢。

如果花香要付钱，如果喜马拉雅山和假山一样计石块算钱的话，奥纳西斯的遗产够付吗？如果以金钱来计，一个人要献上多少钱，才有资格去观赏令人感动泣下的一个新生婴儿发亮的眼睛和挥舞的小手呢？

然而我们不肯说谢谢。

因为我们不承认有上帝，所以我们把自己弄成一个僵冷的、不知感恩的人。

古老的故事里记载："汉武帝以铜人作承露盘，高二十丈，大十围(即十人合抱之数)，上有仙掌，承露和玉屑，饮之以求仙。"

其实，汉武帝的手法是太麻烦了，承受天露是不必铸造那样高耸入云的承露盘的，如果上帝给任何卑微的小草均沾的露水，他难道会吝惜把百倍丰富的天恩给我们吗？

要求仙，何须制造"露水加玉屑"的特殊饮料呢？

只要我们能像一个单纯的孩童，欣然地为朝霞大声喝彩，为树梢的风向而凝目深思，为人跟人间的忠诚、友谊而心存感动。

为人如果能存着满心美好的激越，岂不比"成仙"更好？那些玉屑调露水的配方并没有使一个雄图大略的汉武帝取得应有的平静祥和，相反地，在他老年时一场疑心生暗鬼的蛊惑里，牵连了上万人的性命。

他永远不曾知道一颗知恩感激的心才是真正的承露盘，才能伸到最高的云霄中，承受最清洌的甘露。

中国人的谦逊，每喜欢说"谬赏""错爱"，英文里却喜欢说"相信我，我不会使你失望的"。

作为一个中国人，我更能接受的是前一种态度，当有人赞美我或欣赏我时，我心里会暗暗地惭愧，我会想：

"不！不！我不像你说的那么好，绝没有那么好，你喜欢我的作品，只能解释为一种缘分，一种错爱。古今中外，可欣赏可膜拜的作品有多少，而你独钟于我，这就使我感激万端。"

我的心在感激的时候降得更卑微、更低，像一片深陷的湖泊——我因而承受了更多的雨露。

到底应该是由大地来感谢一粒种子呢？还是那种子应该感谢大地呢？

都是的。

感谢会使大地更温柔地感到种子的每一下脉动，感谢也会使种子更切肤地接触到大地的体温。他们彼此都因谢意而更欣悦更满足。

"谢谢"因而是一个宗教性的字眼。

"谢谢"使人在漠漠的天地间忽然感到一种"知遇之恩"。

"谢谢"使我们忘却怨尤,豁然开朗。

让我们从心里说一声:

"谢谢。"

——对我们曾身受其惠的人,对我们曾身受其惠的天。

与你共品

yu ni gong pin

　　文章选取三个事例,从三个角度向我们阐述了一个问题——人活在世上,应该心存感激。只有懂得感恩的人,才能活得清澈澄明,才能活得愉快满足。外科医生的一句"谢谢"让我们备感欣慰,因他如此开明,他知道自己没有权力埋怨谁,只有在拥有生命时珍惜,而在生命即将结束时感激生命。文章带来启发,我们没有权力理直气壮地享受,而是应该真诚地说声"谢谢"!

个性独悟

ge xing du wu

　　★同是"谢谢",为什么外科医生的"谢谢""才是令人五内惊动的"?

　　★作者说"到底应该是由大地来感谢一粒种子呢?还是那种子应该感谢大地呢?"与本文主旨有什么关系?

　　★文中提到"当有人赞美我或欣赏我时,我心里会暗暗地惭愧",这是否可以理解为为人处世的一种低调?为什么?

　　★你是否同意本文作者的观点?理由是什么?

快乐阅读
kuai le yue du

小丑的眼泪 / ···齐默尔

一

　　孩子们,孩子们,圣诞夜的前一天马戏开演了。大地上覆盖着厚厚的积雪,所有的屋檐下都挂着耀眼的冰凌,但是马戏团的帐篷里却既温暖又舒适。帐篷里不但像往常一样散发着皮革和马厩的气味,而且还弥漫着葱姜饼干、胡椒花生以及圣诞枫树的芬芳。

　　327 个孩子和他们的父母在观赏马戏表演。今天下午,这些小男孩和小姑娘们是他们父亲所在工厂的客人。早在 11 月份,厂主就说过:"今年我们工厂很走运。因此大家一定要好好庆祝一番。今年的圣诞节,要比往年隆重。我建议我们大家一起去看马戏。有孩子的人把孩子也带着。我也把我的三个孩子带去。"

　　因此,与 324 个孩子一起,厂长的两个女孩和一个男孩,也正坐在他们的父母身旁。盼望已久的圣诞节庆典像预料的那样盛况空前。

　　接着,马戏表演开始了。

　　这对孩子们来说是最引人入胜的。他们满心喜悦地坐在巨大的帐篷里。当黑色的矮马跳舞时,他们欣喜若狂;当雄狮怒吼时,他们毛骨悚然;当穿着银白色紧身衣的漂亮女郎在半空中荡秋千时,他们惊恐得大叫。

　　啊,小丑出场了!

　　他刚在跑马道上跌跌绊绊地出现,孩子们就欢快地扯开他们的嗓门尖叫起来。从那一刻开始，人们就连自己的说话声都听不见了。孩子们大笑着，帐篷在他们的笑声中颤抖。他们笑得那么厉害，以致眼泪蒙住了视线。

这个小丑可真了不起！他的滑稽表演是那样扣人心弦，连厂长都张大了嘴巴。

在此之前，还从来没有人看到过厂长张嘴吸气哩！

这小丑根本不说话。他用不着说话就妙趣横生。他在孩子们面前表演着他们想看的哑剧。他一会儿装小猪，一会儿装鳄鱼，一会儿装跳舞的熊。装兔子的时候，他简直滑稽极了。

突然，这个年迈的著名小丑紧张起来。他发现一个头上扎着红蝴蝶结的小姑娘。

小姑娘和她的父母坐在紧挨跑马道的第一排。她是一个长着聪明俊秀的面庞的漂亮姑娘，身上穿着一套节日的蓝衣服。坐在她身旁的父亲在笑，母亲也在笑，只有这个扎着红蝴蝶结的小姑娘不笑。在 327 个孩子中，只有她一人不笑。

年迈的小丑想：亲爱的，让我来试试，看我能不能把你也逗笑！于是他又专为这个坐在第一排的小姑娘卖力地表演起来。

年迈的小丑从没有表演得如此精彩。

然而……无济于事。那姑娘仍然毫无笑意。她瞪着滚圆而呆滞的眼睛看着小丑，连嘴角都没有动一下。她真是个迷人的小姑娘，只是她一点儿也不笑。

小丑莫名其妙。过去，他的每一次插科打诨都知道什么时候观众开始笑，什么时候停止笑。因此他的逗乐总是恰到好处。他与观众能够进行融洽的交流。这场为孩子们做的表演对于他来说是很轻松的，因为孩子们是天真无邪的观众，可以与他们轻而易举地交流感情。但是那个小姑娘却高深莫测。

年迈的小丑正在模仿兔子，他突然感到一阵不知所措的悲戚和束手无策的恐惧。他真想中断表演。他觉得，如果坐在第一排的那个小姑娘还是那样瞪着他，他就无法再继续表演了。

于是他走到小姑娘面前，有礼貌地问："告诉我，你不喜欢我的表演吗？"

小姑娘友好地回答："不，我很喜欢。"

"那么，"小丑问，"其他的孩子都在笑，你为什么不笑呢？"

"请问，我为什么应该笑呢？"

小丑沉思后说："比如说，为了我。"

姑娘的父亲想插嘴，但小丑向他做了个手势，表示希望姑娘自己回答。

"请您原谅，"她回答，"我不是想使您难过，但我确实不觉得您可笑。"

"为什么？"

"因为我看不见你。我是瞎子。"

二

当时,整个帐篷里像死一般的寂静。小姑娘沉默而友好地坐在小丑对面。小丑不知道该说什么好。他就这么呆站了很久。

母亲解释道:"爱丽卡从来没有看过马戏!我们给她讲过不少关于马戏表演的情况。"

"所以这一次她无论如何要来。她想知道马戏究竟是怎么回事!"父亲说。

小丑郑重地问:"爱丽卡,你现在知道马戏是怎么回事了吗?"

"是的,"爱丽卡高兴地回答,"我当然已经都知道了。爸爸和妈妈给我解释了这里的一切。我听到了狮子的怒吼和小马的嘶鸣。只有一件事还不清楚。"

"什么事?"小丑虽然明白,但还是问道。

"为什么您那么可笑?"扎着红蝴蝶结的爱丽卡说,"为什么大家对您发笑?"

"是这样。"小丑说。马戏场里又是一阵死一般的寂静。过了一会儿,著名的小丑像要做出重大决定似的,鞠了一个躬,说道:"听着,爱丽卡,我向你提一个建议。"

"请说吧。"

"如果你真想知道我为什么可笑……"

"当然想知道。"

"那么好吧。如果你的父母方便的话,明天下午我到你家里去。"

"到我家里?"爱丽卡激动地问。

"是的。我将表演给你看,同意吗?"

爱丽卡高兴得直点头。她拍着双手喊:"多好啊!爸爸、妈妈,他到我们家来!"

小丑问明地址后说:"6点钟怎么样?"

"行!"爱丽卡说,"啊,我多高兴啊!"

小丑伸手摸了摸她的头发,深深吸了一口气,就像一个刚从肩上卸下千斤重担的人。他向观众喊道:"女士们,先生们,表演继续进行。"

孩子们鼓起掌来。他们都对瞎眼的小爱丽卡十分羡慕,因为这个伟大的小丑将去拜访她……

三

当夜大雪纷飞,第二天仍然下个不停。5点半钟时,爱丽卡家里的圣诞树上蜡烛通明。小姑娘摸遍了桌子上摆的所有精美礼物。她吻了吻父亲,又吻了吻母亲。但是她总在不停地问:"你们认为他会来吗?你们认为他真的会来吗?"

"当然,"母亲说,"他亲口答应的。"

他准时到达。起居室的座钟正在打点。

她握着他的手,激动得结结巴巴地说:"真⋯⋯真⋯⋯真太好了。您真的来了!"

"当然,我答应过的。"小丑说。他向她的父母致意,然后把他给爱丽卡的礼物交给她,是三本盲文书。爱丽卡已经读过一些盲文书籍,她十分高兴又得到三本新书。

"可以给我一杯香槟酒吗?"年迈的小丑说。

他把香槟喝完,牵着爱丽卡的手,把爱丽卡安顿在圣诞树前的沙发上,自己在她的面前跪下。

"摸摸我的脸,"他说,"还有脖子,接着是肩膀,然后还有手臂和腿。这是第一步。你必须准确地知道我是什么样子。"

小丑既没戴面具,又没穿戏装,完全没有化装。他自己没有把握他的试验能不能成功。

"好了吗?"他终于问。

"嗯。"爱丽卡说。

"你知道我的长相了?"

"清清楚楚。"

"那好,我们开始吧!"小丑说,"但是请不要让手离开我。你要不停地摸着我,这样你才能知道我在干什么。"

"好的。"爱丽卡说。

于是年迈的小丑开始表演。他把他在马戏团表演的全套节目从头做起。父母相互紧握着对方的手,站在门旁看着。

"现在小熊在跳舞。"年迈的小丑说。当他模仿熊跳舞时,爱丽卡细嫩的小手抚摸着他,但是她的面容仍然呆滞不变。

虽然这是他毕生最困难的表演,但是小丑一点儿也不畏缩。他又开始学鳄鱼,然后学小猪。渐渐地,爱丽卡的手指从他的脸上滑到了肩上,她的呼吸急促起来,嘴巴也张大了。

仿佛爱丽卡用她的小手看到了其他孩子用眼睛看到的东西。她在小丑装小猪的时候咻咻地笑起来,笑得短促而轻柔。

年迈的小丑更有信心地表演起来。爱丽卡开始欢笑了。

"现在是兔子。"小丑说,同时开始表演他的拿手好戏。爱丽卡大笑起来,声音越来越响。她高兴得喘不过气来。

"再来一遍,"她兴奋地喊,"请再来一遍!"

年迈的小丑又装了一遍兔子,一遍又一遍。爱丽卡还是没个够。她的父母面面相觑,爱丽卡还从来没有这么快活过。

她笑得气喘吁吁。她高喊:"妈妈!爸爸!现在我知道小丑是怎么回事了!现在我什么都知道了!这真是世界上最美的圣诞节啊!"

她细小的手指仍在跪在她面前的老人脸上摸来摸去。

突然,爱丽卡吃了一惊。她发现这个伟大的小丑哭了!

与你共品
yu ni gong pin

作者以饱蘸激情的笔调,叙述了一个令人心动的故事。在这里,艺术,通过小丑用形体与心灵的展现而趋于完美;艺术,通过盲姑娘爱丽卡用触觉与心灵的感知而得到升华!一个平凡而伟大的小丑与天真无邪的盲姑娘之间的一段经历,催人泪下,撼人心魄!

作者按事情发展顺序而展开情节,但使人感到平淡有味,究其原因是在小丑心灵历程的层层变化中,谱写了一曲圣诞之夜的绝唱!在这对美好心灵的碰撞声中,也许你会骤然领悟:不是所有的不幸都不能转化为快乐,不是所有的平凡都不能升腾为伟大。在真爱的故事中,小丑哭了,感动的热泪也会令你泪雨绵绵。这就是小丑所热爱的艺术的魅力所在,也是这篇文章的艺术的魅力所在,更是小丑美好心灵的魅力所在。

用真心去关爱他人,用真情来演绎我们自己的人生……

个性独悟
ge xing du wu

★去掉第一段,也不会影响人们对文章的理解,第一段在文章中是否可有可无?说出理由。

★在描写小丑的表演过程中,除了写那些孩子们大笑之外,又写了厂长的表情变化,这在文章中起什么作用?

★任何一种表演都不可能令在场的所有观众一起笑,比如对于小丑的表演大人中很可能有没笑的,而小丑仅仅因为一个小姑娘没笑而突然紧张起来,这是为什么?

★文章的第二部分里,两次提到马戏场里像"死一般的寂静",两次寂静的原因各是什么?

★在小丑为爱丽卡单独表演的过程中,文中写了爱丽卡父母"相互紧握着对方的手"这一细节,其用意何在?

快乐阅读
kuai le yue du

一个祝福的价值 / ···康 杰

那年,我在美国的街头流浪。圣诞节那天,我在快餐店对面的树下站了一个下午,抽掉了整整两包香烟。街上人不多,快餐店里也没有往常热闹。我抽完了最后一支烟,看着满地的烟蒂叹了口气。天色渐渐暗了下来,路灯微微睁开了眼睛,暗淡的灯光让我心烦,就像自己黯淡的前程,令人忧伤。我的手插在裤子的口袋里,口袋里的东西令我亢奋。我从嘴角挤出一丝微笑,用左手在胸前画了一个十字,然后目不转睛地盯着快要打烊的快餐店。

就在我向街对面的快餐店跨出第一步的时候,从旁边的街区里走出一个小女孩儿,鬈鬈的头发,红红的脸颊,天真快乐的笑容在脸上荡漾。她手里抱着一个芭比娃娃，蹦蹦跳跳朝我走来。我有些意外，收住了脚步。小女孩儿仰起头朝我深深一笑，甜甜地说："叔叔，圣诞节快乐！"我猛地一愣，这些年来大家都把我给忘了，从没有人记得送给我一个圣诞节的祝福。"你好，圣诞节快乐！"我笑着说。"你能给我的孩子一份礼物吗？"小女孩儿指了指手中的娃娃。"好的，可是……可是我什么也没有。"我感到难为情，我的身上除了裤子口袋里那样不能给别人的东西以外，真的一无所有。"你可以给她一个吻啊！"我吻了她的娃娃，也在小女孩的脸上留下深深的一吻。小女孩儿显得很快乐，对我说："谢谢你，叔叔。明天会更好，明天再见！"我看着美丽的小女孩儿唱着歌远去，对着她的背影说："是的，明天一定会好起来，明天一定会更好！"我离开了那个地方。

五年后的今天，我有了一个温暖的家，妻子温柔善良，孩子活泼健康。我在中国的一所大学里教英语，学校里的老师和学生都很尊重我，因为我能干而且自信。

又到了圣诞节。圣诞树上挂满了"星星"，孩子在搭积木，妻子端来了火鸡。用餐前，我闭上了眼睛，默默祈祷。祈祷完了，妻子问我，你在向上帝感谢什么呢？我静静地对她说，其实五年前我就不再相信上帝，因为他不能给我带来什么，每年圣诞节我也不是感谢他，我在感谢一个改变我一生的小女孩。我对妻子说："你知道我是进过监狱的。""可那是过去。"妻子看着我，眼神里满是爱意。"是的，那是过去。但是当我从监狱里出来以后，我的生活就全完了。我找不到工作，谁都不愿意和一个犯过罪的人共事。"我充满忧伤地回忆着，"连我以前的朋友也不再信任我，他们躲着我，没有人给我任何安慰和帮助。我开始对生活绝望，我发疯地想要报复这冷漠的社会。那天是圣诞节，我准备好了一把枪藏在裤子口袋。我在一家快餐店对面寻找下手的时机，我想冲进去抢走店里所有的钱。"妻子睁大了眼睛："杰，你疯了。""我是疯了，我想了一个下午，最多不过是再被抓进去关在监狱里，在那里，我和其他人一样，大家都很平等。""后来怎么样？"妻子紧张地问。接下来，我对妻子讲了那个故事，"小女孩儿的祝福让我感到温暖。我走出监狱以来，从没有人给过我像她那样温暖的祝福。"我激动了，"亲爱的，你知道是什么改变了我的命运吗？"妻子盯着我的眼睛，我接着说："小女孩对我说'明天会更好'，感谢她告诉我生活还在继续，明天还会更好。以后在困难和无助的时候，我都会告诉自己'明天会更好'。我不再自卑，我充满自信。后来，我认识了你的父亲，他建议我回到中国来，接下来的事情你都知道了。就是那个小女孩的一个祝福改变了我的一生。"妻子深情地看着我，

五

真情演绎

把手放在胸前,动情地说:"让我们感谢她,祝福她幸福吧。"我再一次把手按在了胸前。

一个祝福的价值是无法用金钱来衡量的,它可能会改变一个人的一生和很多人的命运。所以,我们不要吝啬祝福,哪怕只是对一个陌生人,或许你我无意间送出的祝福将会带给他一生的温暖和幸福。

与你共品
yu ni gong pin

> 一个已走到犯罪边缘的人,就在他要去实施犯罪时,一位天使般的小女孩来到了他的眼前,送给了他一个祝福,祝愿他明天更美好。就是这一祝福改变了一个人的一生命运,让这个世界多了一份真情和美好。

个性独悟
ge xing du wu

> ★"天色渐渐暗了下来,路灯微微睁开了眼睛,暗淡的灯光让我心烦,就像自己黯淡的前程,令人忧伤。"此句使用了哪几种修辞手法?
>
> ★天真快乐的女孩向"我"走来,"我"有些意外,为什么会有这样的反应?
>
> ★想一想,文中的"妻子"是怎样一个人?这个人物对本文主题的表达起到怎样的作用?
>
> ★大家想一想,"我"在这家快餐店周围转悠了一下午,怎么没有人警觉呢?这反映了怎样的一种社会现实?

那一刻·读你的清纯如水

我们一起走吧 / ···熊静思

"我们一起走吧!"我追上了她,和她一起向前走。在这条黑色的小道上,我俩谁也没说话,只顾想着各自的心事。我清楚地记得那是一个无星无月的夜晚。

她,是一个小巧玲珑、朝气蓬勃的女生,老师宠爱她,同学喜欢她。她成绩好,口才棒,体育也不错。与她相比,我也绝不逊色,我拥有比她更旺的人气指数,我拥有比她更高的知名度,我还拥有比她更辉煌的历史。校方重视我们,同学羡慕我们,家长们也每每将我们树为子女的榜样。但是,在那生死抉择般的外校招生考试中,我落榜了。而她却以高分拿到了外语学校录取通知书……

当落榜的消息传来时,我心头悔恨、失望、妒忌多种感情交织在一起,而她的双眸中闪出的仍是睿智、自信的光芒。我来到湖边,望着红透半边天的夕阳,心里仍不能平静:"为什么我会失误?天意?"不!我不相信什么天意,但我明白,她的成功与她入考场前那份执着的自信是成正比的。

当晚的补习,我去了。老师让我背《赠汪伦》,我忘了后两句,她小心地提醒我"桃花";当她迅速地背完《鹿柴》而忘了作者时,我口中也艰难地迸出"王维"两个字。下课后,她对我来了个熟悉的微笑,那微笑是友善的,是自豪的,或许还带着几分鼓励。但在那种情境之下,我却故意做出视而不见的样子……至今我还不太明白,在放学路上,我何来勇气对她说那句"我们一起走吧"!或许是因为她第二天就要去外语学校深造,我们就要分别了,或许是她的微笑中含有某种暗示,这暗示给了我勇气和力量……

白驹过隙,一晃我们已经一年没有见面了,可她自信的微笑常常浮现在我眼前,也许正是这微笑的力量让我忘却了自己曾经的辉煌,不断进取,使我的成绩稳居年级第一。现在的我,有永不枯竭的自信和勇气。听说,她也在学校考试中进入前十名的行列。我真的很为她高兴。我相信,我们都是优秀的,因为我们都在奋斗,都在新的环境中开辟自己的新天地!

我想给她写封信,又想保持沉默,最后,我选择了后者。古人云"君子之交淡如水",让心照不宣的我们从现在开始加倍努力,若干年后,携手迈进清华、北大的校门。

"我们一起走吧!"在这个星光灿烂的夜晚,我对久未谋面的她轻声说道。

【简　评】

"我们一起走吧!"暗示了一对优秀朋友心灵的默契与相通。虽一年不见,一年不曾一起走过,然而心照不宣的那股努力的劲头儿丝毫未减,她们心灵的走向是相近的——一起走向星光灿烂,一起走向知识文化的殿堂。

文章虚实相生,首尾呼应,将一对不放弃追求的朋友的心迹展现在我们面前,不得不让我们为这份"努力"、这份追求而感动。